Kreatives und künstlerisches Gestalten
in Freizeit und Beruf – dafür steht der Name
Christophorus
seit mehr als 30 Jahren. Jedes
CHRISTOPHORUS-BUCH
ist mit viel Sorgfalt erarbeitet:
Damit Sie Spaß und Erfolg beim Gestalten haben –
und Freude an unverwechselbaren Ergebnissen.

SuperBastelSpaß
DAS BESTE AUS DER BRUNNEN-REIHE

Schöne Osterzeit

Servietten-Technik
Papier
Window Color

CHRISTOPHORUS

Mit Vorlagen in Originalgröße

Inhalt

Frohe Ostern!

Endlich ist es wieder so weit! Die ersten Blumen strecken ihre Köpfe aus der Erde, draußen wird es heller und wärmer und die Lebensgeister erwachen. Wer hat da nicht Lust, sich den Frühling ins Haus zu holen mit vielen bunten Farben und fröhlichen Motiven!

Auch Ostern steht vor der Tür und Kinder erwarten den Osterhasen mit Ungeduld. Also gilt es Osterkörbchen zu basteln, damit der Osterhase weiß, wohin er seine Leckereien bringen soll, und den Ostertisch zu decken mit Tulpenlichtern, lustigen Eierwärmern und einem bunt dekorierten Osterstrauß. Die Fenster werden geschmückt mit bunten Window-Color- oder Papierbildern und auch das Haus wird dekoriert mit Deko-Objekten für Groß und Klein: allerlei Hasen für die Kinder sowie Blumentöpfe und Schachteln, die mit Serviettenmotiven verziert sind, für die Erwachsenen. Und all diejenigen, die Ostern nicht mitfeiern können, bekommen eine besonders gestaltete Karte als Frühlings- und Ostergruß.

Alle Bastelvorschläge sind detailliert beschrieben und mit den Vorlagen leicht nachzuarbeiten. So können auch schon kleine Bastler mithelfen, den Osterhasen zu begrüßen und und den Frühling ins Haus zu holen: ein Erlebnis für die ganze Familie.

Viel Spaß beim Basteln und fröhlich bunte Ostern!

Material & Technik

Die Papiere

Größere Motive werden am besten aus Fotokarton gearbeitet, kleinere Motivelemente aus Tonpapier. Wellpappe und Künstlerkarton sind Alternativen mit einer anderen Struktur. Japanpapier, Strohseide eignen sich für Verzierungen.

Die textilen Materialien

Dünner kleingemusterter Baumwollstoff oder Filz kann für angeknotete Tücher und andere Accessoires verwendet werden. Auch einzelne Bildteile lassen sich bekleben. Vielseitige Effekte werden mit farbigem Naturbast, Bindfäden, Stickgarn und Bändern erzeugt.

Deko-Artikel

Fensterbäume und Zubehör für andere Deko-Ideen finden Sie im Hobby-Fachhandel. Zum Kleben empfiehlt sich eine **Niedertemperatur-Klebepistole** (z. B. UHU pistole LT 110).

Das Übertragen der Vorlagen

Mit einem **weichen Bleistift** das Motiv auf **transparentes Zeichenpapier** abpausen. Zum Übertragen das Transparentpapier mit der bemalten Seite auf das Bastelpapier legen und mit einem **harten Bleistift** die Linien nachfahren.

Das Schneiden

Zur Grundausstattung gehören **scharfe Scheren** in verschiedenen Größen. Gebogene Scheren eignen sich für runde Formen. Mit einem **Cutter** lassen sich gerade Flächen, große, geschwungene Linien und Wellpappe besonders gut schneiden. Dabei auf eine **schnittfeste Unterlage** achten. Cutter gehören nicht in Kinderhände! Kinder sollten grundsätzlich mit einer abgerundeten Kinderschere arbeiten.

Das Kleben

Für die Klebearbeiten einen **Klebestift** (z. B. UHU stic), einen gut haftenden **Alleskleber** (z. B. UHU extra) oder **Holzleim bzw. Weißleim** (z. B. UHU coll) verwenden. Weißleim eignet sich besonders zum Kleben von Stoffen, Filz, Bast- oder Stickgarnfäden und Wellpappen. Wenn einzelne Bildteile mit Stoff beklebt werden sollen, den Stoff etwas größer als das betreffende Motivteil ausschneiden, ganz mit Weißleim bestreichen und fest auf den Karton drücken. Nach dem Trocknen den überschüssigen Stoff abschneiden.

Hinweis

Alle fett gedruckten Hilfsmittel sind in den Materialspalten nicht mehr eigens angeführt.

Window Color

1 Das Motiv von der Vorlage abpausen oder fotokopieren und unter eine Folie aus Polyethylen (PE) oder Polypropylen (PP) legen. Für kleinere Motive eignen sich auch Prospekthüllen, in denen die Vorlagen nicht verrutschen können. Von diesen Folien lässt sich das Bild später wieder ablösen. Die Umrisse des Motivs mit Konturenfarbe nachziehen, entweder direkt aus der Flasche oder mit einer Guttadüse (0,6 – 0,9 mm ∅). Dabei langsam, gleichmäßig und nicht zu dünn arbeiten. Darauf achten, dass die Linien dicht geschlossen sind. Die Konturen etwa 6 Stunden trocknen lassen. Feine Ergänzungen oder Korrekturen nach dem Trocknen mit einem Lackstift vornehmen.

2 Die einzelnen Flächen deckend und gleichmäßig ausmalen. Dazu einen Farbklecks auf ein Feld geben und die Farbe mit der Flaschenspitze oder mit einem Zahnstocher ohne Lücke bis zu den Konturen verteilen. Die Farbe nicht zu dünn auftragen, sonst kann das Bild beim Ablösen von der Folie zerreißen. Mit einem Zahnstocher lassen sich die Farben direkt im Motiv ineinander ziehen oder vermischen. Luftblasen sofort mit einer Nadel aufstechen. Nach etwa 24 Stunden sind die zunächst milchigen Farben transparent getrocknet. Das Motiv vorsichtig von der Folie lösen und am Fenster, auf Kunststoffeiern oder auf Malscheiben selbstklebend anbringen.

Tipp

Wenn die Motive frei im Raum schweben sollen, eignet sich Mobile-Folie (0,2 mm) als Untergrund, auf der die Farbe haftet. Nach dem Trocknen wird das Motiv am Rand entlang mit einer spitzen Schere ausgeschnitten und kann mit einem Perlonfaden aufgehängt werden.

Ostergrüße

Fröhliche Ostern

Material

Faltkarte in Gänseform

- Tonpapier in Weiß
- Tonpapier in Blau-Weiß gepunktet
- Wellpappe in Hellgrün
- Knopf

Gans auf blauer Karte

- Fotokarton in Dunkelblau
- Tonpapier in Weiß
- Tonpapier in Blau-Weiß gestreift
- Papierreste in Gelb, Grün, Weiß
- Knopf

Zusätzliche Hilfsmittel

- Filzstifte in Gelb, Schwarz

Vorlagen

1 - 6,
Seite 68

Faltkarte in Gänseform

1 Nach der Vorlage 1 aus weißem Tonpapier eine Faltkarte in Gänseform herstellen. Die Faltkante sollte dabei auf der linken Seite sein.

2 Das Gras aus grüner Wellpappe zuschneiden (Vorlage 2) und auf die Karte kleben. Mit einer Schleife aus blau-weiß gepunkteten Tonkarton (Vorlage 3) und einem Knopf die Gans dekorieren. Mit den Filzstiften Auge und Schnabel aufmalen.

Gans auf blauer Karte

1 Eine Faltkarte aus blauem Fotokarton, 21 x 15 cm, anfertigen. Aus weißem Tonkarton das Gänsemotiv ausschneiden (Vorlage 4) und darauf kleben.

2 Am unteren Rand der Karte etwas grünes Papier als Gras anbringen. Als Verzierung viele gelbe und weiße Papierblüten (Vorlage 5) und eine Schleife (Vorlage 6) aufkleben. Mit Filzstiften Schnabel und Auge ergänzen.

Grußkarten mit Pfiff

Material

- Tonkarton in Weiß, Gelb, Rot, Pink, Gelbgrün, Blau, Beige
- Feinwellpappe in Pink
- Origami-Papier in Pink
- Doppelkarten (12 x 17 cm) in Grün, Blau, Gelb
- dünner gemusterter Baumwollstoff in Pink, Gelb, Blau
- Geschenkband in Rot
- 4 Zweiloch-Knöpfe, ca. 0,9 cm ∅

Zusätzliche Hilfsmittel

- Filzstift in Schwarz
- Nähgarn
- Nähnadel
- Borstenpinsel
- Lochzange

Vorlagen

7 - 10
Seite 68 - 71

Gans

Rumpf, Kopf und Schwanz aneinander fügen. Schnabel und Füße ergänzen, die Augen zeichnen. Den Flügel mit Stoff bekleben (s. Seite 8), oben am Flügel und am Körper die Löcher einknipsen. Den Flügel auflegen und die Nadel mit dem Nähgarn auf der Vorderseite durch den Knopf, Flügel, Körper und auf der Rückseite durch ein aufgeklebtes Filzplättchen von ca. 1 cm Durchmesser stechen und zurückführen. Den Stich mehrfach wiederholen, dann den Faden verknoten. Ein Band um den Hals knoten und die Gans auf der Karte fixieren.

Tulpe

Zwei Blütenblätter aus Tonkarton, das mittlere aus Wellpappe zuschneiden. Die Löcher einknipsen und, wie bei der Gans beschrieben, die beiden seitlichen Blätter beweglich auf dem mittleren Blatt anbringen. Den Blumentopf mit Stoff bekleben (s. Seite 8). Das Motiv zusammensetzen und auf die Karte kleben, vorher ein grünes Blatt abknicken.

Hase

Die Hose mit Stoff bekleben (s. Seite 8) und den Hasen aus Kopf, Oberkörper, Hose und Füßen zusammensetzen. Halstuch, Innenohren und Nase ergänzen, das Gesicht zeichnen. Die Hände befestigen, oben an den Ärmeln und am Oberkörper die Löcher einknipsen. Die Arme, wie bei der Gans beschrieben, beweglich befestigen. Aus einem 3 x 3 cm großen Stück Origami-Papier eine Windmühle falten (s. Vorlage), die Ecken mit einem Punkt befestigen und auf einem „Stab" setzen. Den Hasen mit der Windmühle in der umgefalteten Hand auf der Karte anbringen.

Frühlingsgrüße

Material

- Doppelkarten (12 x 17 cm) in Violett, Blassgrün, Hellorange
- Tonpapier in Gelbgrün, Hellorange, Pink
- Filz in Türkis, Gelb, Gelbgrün, Mittelgrün, Weiß, Rot, Pink, Orange, Violett
- dünnes Stickgarn in Dunkelgrün, Türkis, Gelb

Zusätzliche Hilfsmittel

- Sticknadel
- Nähgarn
- Stecknadeln

Vorlagen

11 - 13,
Seite 70 - 71

1 Mit Hilfe von Transparentpapier die Motivteile auf den entsprechenden Filz übertragen und ausschneiden.

2 Für jedes Motiv eine Filzunterlage (s. Vorlage) anfertigen und das Motiv mit Stecknadeln darauf feststecken. Bei Papagei und Hahn vorher den Schnabel und den Schwanz bzw. den Kamm hinter den Körper schieben, bei der Blume zunächst den Stiel festkleben. Dann alle Teile heften. Mit Stickgarn und einfachem Vorstich die Motive auf die Unterlage nähen, dabei die untergeschobenen Teile mit erfassen. Bei den Vögeln die Augen, Flügel und Füße, bei der Blume den Mittelpunkt aufkleben (Weißleim!).

3 Die fertigen Motive mit Weißleim auf den Karten befestigen. Die Blume mit Blättern, den Hahn mit Grasbüscheln und den Papagei mit Blüten aus Tonpapier umgeben.

STAEDTLER
Kiddi Elefant
GERMANY

Frühlingsboten

Material

- Tonkarton in Regenbogenfarben, Hellgrün, Weiß
- Strohseide in Hellblau
- Klebeschrift: „Frohe Ostern"
- Laternenfolie
- Mobilefolie

Window Color

Konturen

- Schwarz

Farben

- Signalrot
- Hellbraun/Bernstein
- Goldgelb
- Schneeweiß
- Fleischfarbe
- Maigrün
- Moosgrün
- Schwarz
- Diamantblau
- Royalblau
- Glitzer-Rot

Vorlagen

14 - 16,
Seite 68 - 70

- Die Passepartouts mit Laternenfolie und die viergeteilte Karte mit Mobilefolie gestalten, dahinter Strohseide mit Tonkarton fixieren.

Tipps & Tricks

- Erst nach dem Trocknen mit Lackstift feine Konturenlinien ergänzen bzw. übermalte Konturen korrigieren.

- Die Farbflaschen nach Gebrauch kopfüber senkrecht in einen feuchten Schwamm (im passenden Gefäß) stellen, dann trocknet die Düse nicht aus. Sie kann dadurch jedoch Wasser ansaugen, deshalb vor dem Weitermalen die Farbe kurz auf einem Vlies andrücken.

- Farbflaschen niemals schütteln, sonst bilden sich Luftblasen.

- Zuviel oder falsch aufgetragene oder über die Kontur hinausgeflossene Farbe mit einem Wattestäbchen oder Papiertuch aufnehmen.

Frohe Ostern

Fensterbilder

Duftig & luftig

Material

- Tonkarton in Regenbogenfarben

Vorlage

17, Seite 71

Das Gesamtmotiv ist aus einem einzigen Stück Tonkarton gefertigt.

1 Das Motiv komplett nach Vorlage auf den Tonkarton mit weichem Bleistift übertragen. Beim Positionieren des Motivs auf den Verlauf des Regenbogenpapiers achten.

2 Mit Cutter (Schneidemesser) oder Skalpell die in der Vorlage schattierten Teilstücke aus dem Tonkarton sorgfältig ausschneiden. Zuerst die kleinen Innenflächen, danach die größeren und zuletzt die Außenkontur herausschneiden.

Tipp

Auf eine scharfe Klinge achten, damit der Schnitt sauber wird. Beim Schneiden sollten die notwendigen Verbindungsteile nicht durchreißen.

Blumenkranz

Window Color

Konturen

- Gold
- Grün transparent

Farben

- Sonnengelb
- Kirschrot
- Maigrün
- Orange
- Kristallklar

Vorlagen

18 – 19,
Seite 72 – 73

Unterm Blütenbaum

Material

- Künstlerkarton in Maigrün, Braun, Weiß, Chamois
- Japanpapier in Weiß

Zusätzliche Hilfsmittel

- Farbstift in Orange
- Filzstift in Schwarz

Vorlage

20, Seite 72 - 73

1 Die Baumkrone zweifach aus grünem Künstlerkarton fertigen und die Blüten herausschneiden. Beim Zusammenkleben weißes Japanpapier und die Enden der aus braunem Karton ausgeschnittenen Äste mit Baumstamm dazwischenfassen. Grüne Grasbüschel an die Wurzeln kleben.

2 Das Fell der Schafe zweifach aus weißem Karton ausschneiden und das chamoisfarbene Gesicht und innere Ohr beim Zusammenkleben dazwischenfassen. Wangen und Nase mit Orange betonen, Augen und Maul mit Filzstift malen.

Ostertanz

Material

- Tonkarton in Braun, Gelb, Rosa, Hell- und Dunkelgrün, Lila, Rot, Schwarz, Regenbogenfarben
- Pünktchen-Karton Rot/Weiß

Vorlage

21, Seite 74 - 75

1 Alle Einzelteile des Gesamtmotivs nach der Vorlage anfertigen.

2 Die Einzelteile für die Hasenkinder anordnen und zusammenkleben.

3 Auf die Eiform oben die fertige Schleife kleben. Die Eiform unten mit dem grünen Karton als Grasfläche hinterkleben.

4 Die Häschen platzieren und festkleben, anschließend die Blumenteile anordnen und ankleben.

Riesen-Ei

Window Color

Konturen

- Schwarz

Farben

- Signalrot
- Orange
- Hellbraun
- Bernstein
- Goldgelb
- Maigrün
- Diamantblau
- Royalblau
- Violett
- Fleischfarben
- Schneeweiß
- Schwarz

Vorlagen

22 - 23,
Seite 74 - 77

Drunter & drüber

Material

- Tonkarton in Weiß, Gelb, Hellblau, Braun, Orange, Weiß, Schwarz, Regenbogenfarben
- Wellpappe in Regenbogen
- bunte Holzkörbchen
- bunte Holzspäne
- Steckmasse
- Dschungelgras

Vorlagen

24 - 29,
Seite 75 - 77

Einzelteile der Motive nach Vorlage anfertigen. Die Herzen aus Wellpappe ausschneiden. Die Schleife aus Tonkarton für die Herzen besteht jeweils – einschließlich Blume – aus fünf Teilen. Die jeweiligen Einzelmotive zusammenfügen.

Aufhänger

Die fertig gestalteten Motive jeweils mit einem Buntfaden in wechselnder Folge verbinden.

Stecker

1 Die sechs fertigen Einzelmotive jeweils auf einem bemalten Holzstäbchen festkleben.

2 Körbchen mit Steckmasse füllen und mit Dschungelgras und bunten Holzspänen dekorieren.

3 Die einzelnen Stecker jeweils in unterschiedlicher Höhe in den Körben anordnen.

Tipp

Die bunten Holzkörbchen und -späne sind im Handel fertig erhältlich.

Federvieh

Window Color

Konturen
- ■ Bleifarbig
- ■ Schwarz

Farben
- ■ Weiß
- ■ Strohgelb
- ■ Goldgelb
- ■ Bernstein
- ■ Nougat
- ■ Pfirsich
- ■ Erdbeer
- ■ Grasgrün
- ■ Blattgrün
- ■ Maigrün
- ■ Royalblau
- ■ Pfauenblau

Vorlagen

30 – 33,
Seite 77 – 79

Hase mit Küken

Material

- Tonkarton in Hellbraun, Gelb, Orange
- Tonpapier in Grün, Blau, Beige, Schwarz
- Naturbast

Zusätzliche Hilfsmittel

- Nadel
- Lochzange
- Filzstift in Schwarz
- Buntstift in Rot
- Deckweiß
- dünner Nylonfaden

Vorlagen

34 - 35,
Seite 79 - 80

1 Den Hasenkörper und Pfoten, Küken, Schnäbel und Füße aus Tonkarton ausschneiden. Die Innenohren, Fußsohlen, die Hose, das Hemd und die Nase aus Tonpapier fertigen.

2 Zunächst Hose, Hemd, Innenohren, Sohlen und die Nase beidseitig aufkleben. Das liegende Küken beidseitig fixieren, zuvor den Schnabel jeweils auf der Rückseite anbringen. Die Pfoten ankleben. Den anderen Küken auf einer Seite die Füße, auf beiden Seiten Schnäbel aufkleben.

3 Allen Figuren Gesichter malen, dem Hasen Bäckchen gestalten. Deckweiß als Glanzpunkte auf die Augen und die Nase des Hasen tupfen.

4 Kleine Löcher oben in die Köpfe der drei Küken und des Hasen stanzen. Jeweils zwei bis drei Fäden Naturbast anknoten und ein wenig kürzen.

5 Die drei Küken mit Nylonfaden am Hasen befestigen. Zum Schluss einen Aufhängefaden am Kopf des Hasen anbringen.

Hasen im Heu

Material

- Tonpapier in Dunkelbraun
- Dalmatiner-Karton
- getrocknetes Gras
- Bast in Natur

Vorlage

36, Seite 80

1 Alle Hasen nach den Vorlagen ausschneiden. Schnauze und Augen mit schwarzem Filzstift aufmalen.

2 14 cm lange Grasbüschel in der Mitte mit Bast abbinden.

3 Hasen auf den Büscheln fixieren.

4 Aufhängefaden an den Grasbüscheln befestigen.

Tipp

Am besten eine Klebepistole verwenden.

Ostertisch

Tulpenlichter

Material

- Bastel-Wellpappe in Blau, Rot, Grün
- Regenbogen-Wellpappe
- Karoband in Blau-Weiß, 10 mm breit, 15 cm lang
- Karoband in Grün-Gelb, 10 mm breit, 15 cm lang
- Holz-Dekomotive, z. B. Käfer
- Reste von dünnem Dekodraht

Vorlage

37, Seite 80

1 Die Tulpen vom Vorlagenbogen auf die glatte Seite der Wellpappe übertragen und ausschneiden.

2 Den inneren Kreis, in den das Teelicht hineingesetzt wird, mit dem Cutter sternförmig auf der glatten Seite der Wellpappe einschneiden.

3 Die Zacken nach innen knicken und die Spitzen abschneiden. Das Teelicht von oben einpassen. Tipp: Damit sich die Wellpappe leichter knicken lässt, den Kreis mit der geöffneten Schere oder dem Cutter auf der glatten Seite leicht anritzen.

4 Blätter mit Stängel an die Rückseite der Tulpenblüte kleben.

5 Die Dekobänder mit dünnem Draht zu Schleifen abbinden und aufkleben, die Tulpen mit Holz-Dekomotiven verzieren.

Lustige Eierwärmer

Material

- Canson/Tonpapier in Hellbraun, Grün, Gelb, Orange, Rot, Beige
- Regenbogen-Tonpapier in Lila-Weiß, Grün-Gelb, Orange-Gelb
- Tonpapier in Pink
- Naturbast in Hellbraun, Orange

Zusätzliche Hilfsmittel

- Stopfnadel oder Lochzange
- Filzstift in Schwarz
- Deckweiß

Vorlagen

38 - 41,
Seite 80 - 81

1 Die Eierwärmer aus Canson ausschneiden, die gestrichelten Linien falzen und umfalten. An den entstehenden Laschen die Grundform zusammenkleben. Vorher beim Hasen die mit Innen-ohren versehenen „Löffel" in die schrägen Öffnungen schieben.

2 Die Gesichter gestalten. An der Schnauze des Hasen die Bartpunkte einknipsen und zwei Bastfäden hindurchziehen. Die Schnauze nur mit dem oberen Rand am Kopf befestigen, die Nase darüber kleben. Oben am Kopf drei Löcher einknipsen und braune Bastfäden anknoten (s. Zeichnung auf Seite 40). Für den Frosch die pinkfarbene Innenseite des Maules falzen, falten und nur die untere Hälfte fixieren. Das grüne, obere Teil des Maules mit den gelben Augenflecken ebenfalls falzen, falten und an der oberen, losen Innenseite des Maules anbringen.

3 Den Schnabel des Huhns falzen, falten und nur die untere Hälfte festkleben, dabei die Kehllappen mit einschieben. Einen Kamm ergänzen. Bei allen Tieren Wangen aus Regenbogenpapier anbringen, die Augen zeichnen und mit Deck- weiß Lichtpunkte auftupfen.

Osterkörbe

Material

- Wellpappe in Gelb, Grün, Orange
- Feinwellpappe in Pink
- Tonkarton in Weiß, Beige, Ocker, Rot
- Canson in Schwarz
- Regenbogen-Tonkarton im Bereich Orange-Gelb
- Naturbast in Hellbraun
- Viskosebast in Weiß

Zusätzliche Hilfsmittel

- Lochzange oder dicke Stopfnadel
- Deckweiß

Vorlagen

42 - 44,
Seite 82 - 83

1 Für die Körbe jeweils zwei Seitenteile, ein Mittelteil und zwei Henkel von 1,5 x 32 cm aus Wellpappe ausschneiden (Rillenverlauf beachten!). Die Mittelstreifen beidseitig entlang der markierten Linien falzen und umknicken. Die Zackenreihen gut mit Weißleim einstreichen und erst an das vordere, dann an das rückwärtige Teil des Korbes kleben.

2 Für Huhn und Hase jeweils alle Bildteile aus Tonkarton einfach anfertigen. Die Nase des Hasen aus Feinwellpappe, die untere Schnabelhälfte des Huhns aus Wellpappe, die obere aus Regenbogenkarton herstellen. Das orangefarbene, untere Schnabelteil flächig aufkleben, zuvor die Kehllappen darunterschieben. Das gelbe Schnabelteil darüber legen und nur am oberen Rand befestigen, den Schnabel etwas hochbiegen. Den roten Kamm fixieren.

3 An der Schnauze des Hasen die Bartpunkte einkipsen und drei Bastfäden als Schnurrhaare einziehen (s. Vorlage). Die Schnauze anbringen und die Nase darüber kleben. Die Innenohren ergänzen und Hase und Huhn mit schwarzen Augen versehen. Mit Deckweiß Lichtpunkte auftupfen.

4 Beim Hasen zwischen den Ohren drei Löcher, beim Huhn auf beiden Seiten insgesamt fünf Löcher einknipsen, Bastfäden anknoten (s. Zeichnung) und zurechtschneiden.

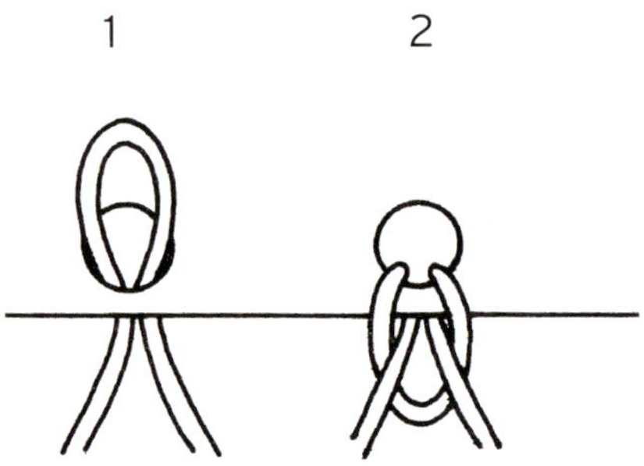

Hase im Tontopf

Material

Hase mit Schleife

- Karoband in Gelb-Rot-Blau-Grün, 10 mm breit, 75 cm lang
- Satinband in Gelb, 3 mm breit, 20 cm lang
- Tonkarton in Hellbraun, Mittelbraun
- Tontopf, 9 cm Ø
- Holzperlen in Rot, Blau und Gelb, 8-10 mm Ø
- Ostergras in Grün

Hase mit Möhren

- Tonkarton in Hellbraun, Mittelbraun
- Tontopf, 9 cm Ø
- Colorbast in Orange
- 3 Wattemöhrchen, ca. 1,5 cm lang
- Ostergras in Grün

Zusätzliche Hilfsmittel

- Filzstift in Schwarz

Vorlage

45, Seite 83

Hase mit Schleife

1 Den Oberkörper des Hasen auf Tonkarton übertragen und ausschneiden. Das Gesicht aufzeichnen und die Ohrmuschel aufkleben.

2 Aus dem Karoband eine kleine Schleife binden und auf den Hals des Hasen aufkleben.

3 Karoband außen um den Tontopf kleben. Das restliche Band zur Schleife legen und mit Satinband abbinden, Enden lang lassen. Holzperlen aufreihen und die Enden verknoten.

4 Den Hasenkörper innen am Rand des Tontopfes ankleben. Den Topf mit grünem Ostergras füllen.

Hase mit Möhren

1 Hasenkopf und Pfoten vom Vorlagenbogen übertragen und ausschneiden. Die Ohrmuscheln aufkleben und das Gesicht mit einem schwarzen Filzstift aufmalen.

2 Einen Strang Colorbast kordelähnlich drehen und außen an den Rand des Tontopfes kleben. Die Möhren an den Enden des Bastes anbringen.

3 Den Hasenkopf innen an den Rand des Tontopfes kleben und die Pfoten außen fixieren. Die letzte Möhre halbieren und zwischen die Pfoten kleben.

Deko-Ideen

Fensterbaum

Material

- Fensterbaum, ca. 50 cm hoch
- Mini-Buchsbaumranke, 400 cm lang
- Oster-Dekoband mit Drahtkante, 40 mm breit, 120 cm lang
- Satinband in Gelb, ca. 3 mm breit, 100 cm lang
- Karoband in Gelb-Weiß, 5 mm breit, 250 cm lang
- 12 Holzperlen in Gelb, 12 mm ∅
- Tonkarton in zwei verschiedenen Brauntönen
- Holz-Dekomotive, z. B. 2 Käfer, 2 Schmetterlinge, 2 Käfer, 2 Blüten, 1 Sonne
- Rest von Moos

Zusätzliche Hilfsmittel

- Trinkglas
- Lochzange

Vorlage

46, Seite 83

1 Aus jeweils 45 cm langen Buchsbaumranken mit Hilfe eines Trinkglases sechs Kränze biegen, dabei den Buchsbaum doppelt führen und ineinander drehen. Enden zusammenbiegen.

2 Etwas Moos als Wiese in die Kränze kleben. Bei vier Kränzen unten gelbes Satinband einbinden, Perlen auffädeln und die Enden der Bänder verknoten.

3 Die Häschen nach der Vorlage aus braunem Tonkarton ausschneiden. Alle Hasen auf ein Moosbett kleben und mit einer Schleife dekorieren.

4 Den Mittelstab des Fensterbaumes mit Buchsbaum umwickeln.

5 Schleifen aus breitem Dekoband binden und am Mittelstab fixieren.

6 Die Kränze mit Satinband an die Äste hängen.

7 Den Fensterbaum mit Holzmotiven dekorieren.

Oster-
schmuck

Window Color

Konturen

- Schwarz

Farben

- Signalrot
- Orange
- Hellbraun
- Rehbraun
- Bernstein
- Goldgelb
- Maigrün
- Maigrün mit Goldgelb/Fluid
- Diamantblau
- Fleischfarben
- Schneeweiß
- Schwarz
- Frost

Zusätzliche Hilfsmittel

- Mobile-Folie, 0,2 mm
- Perlonfaden

Vorlagen

47 - 52,
Seite 84 - 85

Motive mit Rahmen direkt auf die Mobile-Folie malen. Nach dem Trocknen ausschneiden, einen Perlonfaden anbringen.

Tontopf-Glocken

Material

Tontöpfe

- Acryllack in Weiß, Gelb, Grün
- Serviettenkleber
- Serviette: Herlitz
- Bast in Grün
- bunte Holzperlen
- Herzchenanhänger aus Holz und Keramik
- Schmuckband in Gelb, 3 mm breit
- Schmuckband, gemustert, 10 mm breit, 30 cm lang

Zusätzliche Hilfsmittel

- Schere
- Pinsel
- Schaumstoffpinsel oder Naturschwamm

Die Tontöpfe grundieren. Nach dem Trocknen das Serviettenmotiv aufkleben. Mit einem Schaumstoffpinsel farbige Akzente auf den Hintergrund tupfen. Aufhängebänder und Dekoteile anbringen.

Servietten-Technik

Mit dieser Technik lassen sich viele Deko-Gegenstände verschönern. Sie brauchen dazu **Servietten** und einen speziellen **Serviettenkleber** (z. B. „Art Potch", „Mod Podge", „Patio Paint", „Decoupage"), der als Leim und Lack verwendet wird. Er ist auf Wasserbasis hergestellt und trocknet wetterfest aus. Da die Serviettenmotive am schönsten auf einem hellen Untergrund wirken, kann der Gegenstand mit **Acrylfarbe** grundiert und eventuell zusätzlich verziert werden.

Mit einem **Krakelierlack**, der feine Haarrisse in der Farbschicht hervorruft, wirkt ein Gegenstand antik. Für diese Technik die Grundfarbe (Farbe der Risse) auftragen und trocknen lassen. Dann den Krakelierlack (z. B. Craquelle Medium) immer in einer Richtung und ohne Übermalen darüber setzen. Etwa zwei Stunden trocknen lassen. Nun die zweite Farbschicht nicht zu dick und in einer Strichrichtung auftragen. Auch hier nicht mehrschichtig übermalen. Ein dünner Farbauftrag ergibt viele feine, ein dicker Farbauftrag wenige grobe Risse. Über Nacht trocknen lassen.

Serviettenmotive aufbringen

Den Gegenstand Ihrer Wahl eventuell grundieren und mit einem Krakeliermedium bestreichen (s. o.). Das Serviettenmotiv ausschneiden oder in groben Konturen ausreißen. Nur die oberste bedruckte Schicht verwenden. Die spätere Position des Gegenstandes ausprobieren (Abb. 1) und diese Stelle gleichmäßig mit Serviettenkleber bestreichen. Motiv auflegen und von der Mitte aus mit einem Pinsel oder Finger glatt nach außen streichen. Nochmals mit Serviettenkleber bestreichen (Abb. 2).

Material

- Styroporei, 20 cm
- Terrakottatöpfe
- Acrylfarben in Pastellweiß, Pastellgelb, Grün, Gelb, Weiß
- Serviettenkleber
- Serviette: „Ihr"
- Acryl-Lack

Verzierungen

Ei

- Kordel, 1,50 m lang, 6 mm breit
- Dekoband in Gelb-Orange, 4 cm breit, 2 x 1,20 m

Zusätzliche Hilfsmittel

- Schere
- Pinsel
- Schaumstoffpinsel oder Naturschwamm

Auf dem Hühnerhof

Terrakottatöpfe pastellweiß grundieren. Dabei den oberen Rand frei lassen. Farbe trocknen lassen. Motiv mit Serviettten-kleberaufkleben. Passend zum Motiv am unteren Rand eine Wiese malen. Anschließend mit Acryl-Lack wasserfest versiegeln.

Styroporei zwei bis dreimal mit Serviettenkleber vorbereiten. Mit Pastellgelb grundieren, Motiv aufkleben und passend zum Motiv eine Wiese malen. Einen Porzellan ähnlichen Charakter erhält das Ei durch den Anstrich mit Acryl-Lack. Nach dem Trocknen Kordel und Schleifen befestigen.

Narzissen & Tulpen

Abbildung und Materialangabe Seite 52

Ovale Schachteln mit Krakelierlack bearbeiten (s. Seite 48). Die Serviettenmotive aufbügeln. Dazu den Untergrund mit Serviettenkleber bestreichen und trocknen lassen. Motiv auflegen, mit Backpapier abdecken und mit dem Bügeleisen, Einstellung Baumwolle, aufbügeln. Durch die starke Hitze wird der Kleber wieder weich und verbindet sich mit der Serviette. Alles mit Serviettenkleber versiegeln. Zierschleife anbringen.

Auf die **rechteckige Schachtel** vorsichtig herausgerissene Serviettenmotive aufbügeln (s. o.). Mit einem Schwamm-pinsel gelbe Akzente auftupfen. Vorher den Schwamm etwas auf Papier abstreifen. Die Oberfläche versiegeln.

Narzissen & Tulpen

Material

- ovale Span- oder Kartonschachteln, ca. 160/110 mm und 120/75 mm
- Pappschachtel, 26 x 17 cm in Weiß
- Acrylfarbe in Gelb, Weiß
- Craquelle Medium
- Serviettenkleber
- Servietten: Ihr
- kleine Schleife in Gelb aus Satinband, 6 mm
- dünner Messingdraht zum Abbinden der Schleife

Anleitung Seite 50

Hampelhase

Material

- Tonkarton in Ocker, Dunkelbraun, Gelb, Grün, Pink, Dunkelblau, Hellblau
- Tonpapier in Dunkelbraun
- Canson/Tonpapier in Orange, Schwarz
- gemusterter Baumwollstoff in Blau
- Naturbast in Orange, Hellbraun, Dunkelbraun
- 5 Musterbeutelklammern
- Baumwollschnur
- Gewebeband

Zusätzliche Hilfsmittel

- Lochzange oder dicke Stopfnadel
- Filzstift in Schwarz
- Buntstift in Rot
- Deckweiß

Vorlage

53, Seite 86 - 87

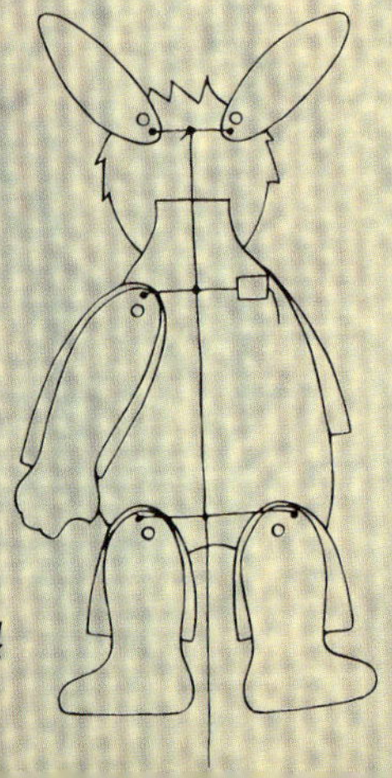

1 Den Kopf aus Tonkarton doppelt fertigen. Alle anderen Teile aus Tonkarton einfach ausschneiden.

2 Den Körper mit dem Pullover bekleben. Die Hose nur an den Kanten fixieren, zuvor die Tasche einschlitzen. Die Jackenteile anbringen, Arme und Beine mit Ärmeln und Hosenbeinen ergänzen. Zwei Pinsel doppelt zuschneiden, Bastfäden als Borsten befestigen und die Teile aufeinander kleben. Den Eimer mit Streifen, Henkel und herausquellender Farbe versehen. Innenohren ergänzen, Nase und Augen anbringen. Schnauze und Wangen malen, Deckweiß auftupfen.

3 Die Bartpunkte einknipsen. Durch jeweils zwei Löcher einen Bastfaden hindurchziehen und kürzen. Die Löcher mit braunem Tonpapier hinterkleben. Die Rückseite ergänzen.

4 Den Kopf auf den Körper setzen. An der Stirn drei Löcher einknipsen, Bastfäden anknoten (s. Zeichnung auf Seite 40). Löcher einstanzen, die Teile mit Musterbeutelklammern verbinden. Einen Pinsel in die Hosentasche schieben, den zweiten an der Hand befestigen. Zuvor den Arm mit Eimer so am Hasen fixieren, dass der Pinsel bei der Abwärtsbewegung in den Eimer taucht (evtl. einen blauen Konturstreifen unter den Arm schieben).

5 Die Schnüre spannen (s. Zeichnung). An den schwarzen Punkten Löcher bohren. Zunächst die drei querlaufenden Schnüre befestigen, die mittlere Schnur nur an einer Seite anknoten, an der anderen mit Gewebeband festkleben. Zuletzt die längsverlaufende Zugschnur (ca. 60 cm) am obersten Querfaden befestigen, dann an den weiteren Querfäden verknüpfen. Den Aufhängefaden einziehen.

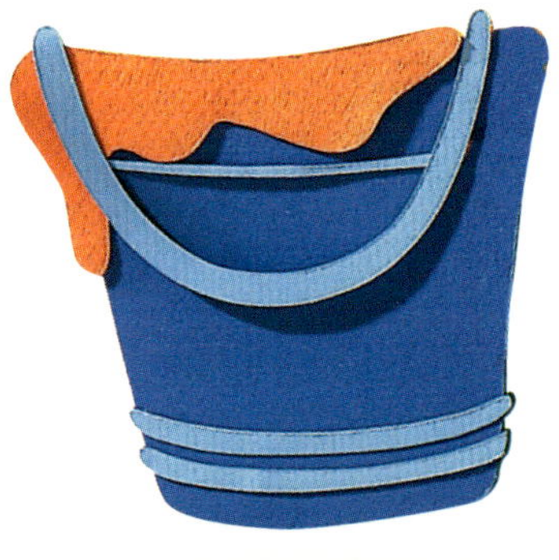

Hasenturnen

Material

- Tonkarton in Gelb, Hellbraun, Orange, Pink, Grün, Türkis-Blau, Dunkelblau
- Tonpapier in Beige, Schwarz, Grün, Orange, Dunkelviolett
- Naturbast in Hellbraun

Zusätzliche Hilfsmittel

- Lochzange oder dicke Stopfnadel
- Filzstift in Schwarz
- Buntstift in Rot
- Deckweiß
- Bindfaden

Vorlagen

54 - 56,
Seite 88 - 89

1 Alle Bildteile mit Ausnahme der Beine und freien Arme doppelt anfertigen. Die Hasen aus Pullover, Hose, Armen und Beinen zusammensetzen. Das Halstuch, dann den Kopf aufkleben. Die Hosen mit Punkten aus Tonpapier verzieren.

2 Nase und Innenohren anbringen. Gesichter und Wangen malen, Deckweiß auftupfen. Die zur Aufhängung nötigen Pfoten und ein Ohr des ersten und letzten Hasen umfalten.

3 Die Rückseiten ergänzen. An der Stirn zwei Löcher einknipsen, Bastfäden anknoten (s. Zeichnung auf Seite 40) und kürzen. Das Ohr und die Pfoten um den Bindfaden kleben. Auf der Rückseite blind umfalten.

HINWEIS

Die Girlande kann beliebig verlängert werden und passt so auch an große Fenster.

Material

- Metallring (Wellenring), 15 cm ∅
- Mikro-Wellpappe in Natur
- Regenbogen-Wellpappe
- Tonkarton in Weiß, Dunkelbraun, Schwarz
- Regenbogen-Karton
- Stickgarn in Rot

Zusätzliche Hilfsmittel

- Klebefilm
- Stopfnadel
- Aufhängefaden

Vorlage

57, Seite 90

Hasenmobile

1 Aus Regenbogen-Wellpappe einen Streifen von 1,5 cm Breite und ca. 50 cm Länge zuschneiden (die Wellung verläuft quer), um den Metallring legen und mit Klebefilm an mehreren Stellen festkleben. Überlappendes Ende abschneiden und fixieren.

2 Drei 1 cm breite und 26 cm lange, quer gewellte Streifen in gleichmäßigen Abständen zwischen Metallring und Wellpapprand stecken und festkleben.

3 Vier Hasen aus naturfarbener Wellpappe, die Einzelteile aus Tonkarton ausschneiden: jeweils zweifach, einmal davon spiegelbildlich. Schleifen aus Regenbogen-Karton anfertigen.

4 Fünf große Eier, ein mittelgroßes Ei und fünf kleine Eier zweifach, einmal davon seitenverkehrt, aus Regenbogen-Wellpappe ausschneiden. Vorder- und Rückseite der Eiform aus demselben Farbverlauf. Die Eier mit farblich abgestimmten Schleifen aus Regenbogen-Wellpappe bzw. -Karton verzieren.

5 Fünf Stickgarnfäden von 44 cm Länge zuschneiden. Die spiegelbildlichen Motivteile deckungsgleich aneinander kleben und dabei den Aufhängefaden in der Mitte einfassen: Bei vier Fäden ein kleines Ei, ein großes Ei und einen Hasen von unten nach oben anordnen. Den letzten Strang mit einem kleinen Ei, einem mittelgroßen Ei und einem großen Ei gestalten.

6 Die Hasenketten am Metallring verknoten. Die Eierkette in die Mitte der Kuppel hängen. Dazu mit der Nadel durch die Wellpappe stechen und den Faden mit einem Knoten sichern. Einen Aufhängefaden anbringen.

Osterstrauß

Hase & Küken

Material

- Tonkarton in Hellbraun, Gelb, Orange
- Tonpapier in Beige, Gelb, Hellbraun
- Wabenpapier in Gelb, Rot, Hellblau, Regenbogenfarben
- festes Papier

Zusätzliche Hilfsmittel

- Stricknadel
- Zirkel
- Filzstift in Schwarz
- Buntstift in Rot
- Deckweiß
- dünner Nylonfaden

Vorlagen

58 - 60,
Seite 90 - 91

1 Den Hasen, das Küken, Schnabel, Fuß und für das Ei das kleine Oval aus Tonkarton ausschneiden. Die Innenohren des Hasen aus Tonpapier zuschneiden und beidseitig aufkleben.

2 Schnabel und Fuß auf der Vorderseite des Kükens fixieren. Dem Küken beidseitig Augen, dem Hasen auf beiden Seiten Augen, Nase und Maul malen. Mit Buntstift Bäckchen gestalten. Etwas Deckweiß als Lichtpunkte auf die Augen der Tiere tupfen.

3 Pro Tier zwei Kreise (Radius 6 cm) und für das Ei zweimal das Oval (Vorlage 59) auf Tonpapier zeichnen, ausschneiden. Das Wabenpapier jeweils als halbe Form zuschneiden: Dafür die Halbkreise und das halbe große Oval als Schablone aus festem Papier fertigen. Zweimal auf Wabenpapier legen (die Richtungspfeile auf der Vorlage laufen parallel zu den Klebenähten des Wabenpapiers!), mit Bleistift umranden und ausschneiden.

4 Die gerade Kante des Wabenpapiermotivs mit Klebstoff bestreichen und genau auf der Mittelachse des Kreises fixieren. Trocknen lassen. Zunächst die eine Hälfte des Wabenpapiers mit einer Stricknadel öffnen und auf dem Untergrund festkleben. Dann die zweite Hälfte auf dem Kreis fixieren. Eine zweite Halbkugel aus Wabenpapier herstellen. Die Halbkugeln auf beiden Seiten des Hasen bzw. des Kükens aufkleben. Die Ei-Hälften wie bei den Tieren fertigen, auf beiden Seiten des Eies fixieren, dabei den Aufhängefaden mit einkleben. Aufhängefäden an Hasen und Küken anbringen.

Eier & Herzen

Window Color

Konturen

- Schwarz

Farben

- Signalrot
- Orange
- Hellbraun mit Bernstein
- Goldgelb
- Maigrün
- Oliv
- Türkis
- Diamantblau
- Royalblau
- Violett
- Schneeweiß
- Schwarz
- Maigrün mit Goldgelb/Fluid

Zusätzliche Hilfsmittel

- Kunststoffherzen, 10 cm
- Glasherz, 9 cm
- Kunststoffeier
- Malscheibe in Eiform, 10 cm
- Satinbändchen
- Aufhänge-Ösen für Eier

Vorlagen

61 - 74,
Seite 91 - 92

Die Füßchen der Marienkäfer nachträglich mit Konturenfarbe aufzeichnen.

Vögel & Blüten

Material

- Tonkarton in Weiß, Pink, Gelb, Orange, Türkis, Gelbgrün, Violett
- dünner karierter oder gestreifter Baumwollstoff in Pink, Violett, Gelb, Grün
- Zweiloch-Knöpfe in kontrastierenden Farben, 11 mm und 18 mm ∅
- Stickfaden

Zusätzliche Hilfsmittel

- Borstenpinsel
- Lochzange oder dicke Stopfnadel
- Filzstift in Schwarz
- Sticknadel

Vorlagen

75 - 76,
Seite 93

Vögel

Die Körper und die Flügel doppelt, alle anderen Bildteile einfach ausschneiden. Schnabel, Kopffedern und Schwanz am vorderen Körperteil befestigen und die Rückseite des Körpers ergänzen. Ein Auge zeichnen. Je zwei Flügel mit Stoff bekleben (s. Seite 8) und trocknen lassen. In Flügel und Körper die markierten Löcher einknipsen. Flügel und Knöpfe (11 m) auf Vorder- und Rückseite der Vögel mit Hilfe eines Stickfadens in einem Arbeitsgang annähen. Dazu den Fadenanfang etwas heraushängen lassen und die Nähnadel nacheinander durch den obersten Knopf, den vorderen Flügel, den Körper, den rückwärtigen Flügel und den unteren Knopf hindurchstechen und wieder zurückführen. Den Faden straff ziehen und den Stich mehrfach wiederholen. Zum Schluss verknoten.

Blüte

Beide Motivteile doppelt anfertigen. Die Blüte deckungsgleichauf- einander fügen und beide Mittelteile mit gemustertem Stoff bekleben (s. Seite 8). An Blüte und Mittelkreis jeweils die markierten Löcher einknipsen und die Bildteile mit den Knöpfen wie oben beschrieben durch alle Teile hindurch beweglich zusammennähen.

Lustige Tiere

Material

Raupen

- Tonpapier in Gelb, Rosa, Orange, Rot, Lila
- Bast in Rot, Orange

Küken

- Tonkarton in Gelb
- Tonpapier in Orange
- Wolle in Orange

Marienkäfer

- Tonkarton in Rot, Hautfarben
- Tonpapier in Schwarz
- Pfeifenputzer in Schwarz

Zusätzliche Hilfsmittel

- Filzstift in Schwarz
- Buntstift in Rot
- Aufhängefaden
- Lochzange
- Stricknadel

Vorlagen

77 – 79,
Seite 93

Raupen

Aus Tonpapier zwei 3,5 x 45 cm lange Streifen zuschneiden, an einem Ende rechtwinklig zusammenkleben und als Hexentreppe übereinander falten. Die Enden fixieren. Kopf und Schwanz aus doppelt liegendem Tonpapier ausschneiden. An den gestrichelten Linien nach außen falten und zusammenkleben. Bäckchen und Nasen beidseitig aufkleben. Maul und Augen malen. Ein Loch in den Kopf stanzen und ein 10 cm langes Stück Bast anknoten. Kopf und Schwanz an den Falzen am Körper ankleben. Einen Aufhängefaden anbringen.

Küken

Den Körper aus Tonkarton, Füße und Schnabel aus Tonpapier ausschneiden. Einen 7 cm langen Wollfaden jeweils zwischen zwei Füßen einkleben, das obere Ende am Körper ankleben. Mehrere etwa 4 cm lange Wollfäden als Schwanz auf einem der Körper fixieren, den zweiten dagegenkleben. Den Schnabel beidseitig fixieren und Augen malen. Einen Aufhängefaden anbringen.

Marienkäfer

Körper, Nase und Kopf aus Tonkarton, das Haarteil und die Punkte aus Tonpapier ausschneiden. Den Körper an den gestrichelten Linien mit einer Stricknadel anritzen und hochknicken. Die Punkte aufkleben, Haarteil und Nase vorne anbringen. Augen, Maul und Bäckchen malen. In zwei Löchern am Kopf jeweils ein 8 cm langes Stück Pfeifenputzer befestigen, den Kopf aufkleben. Einen Aufhängefaden anbringen.

Vorlagen

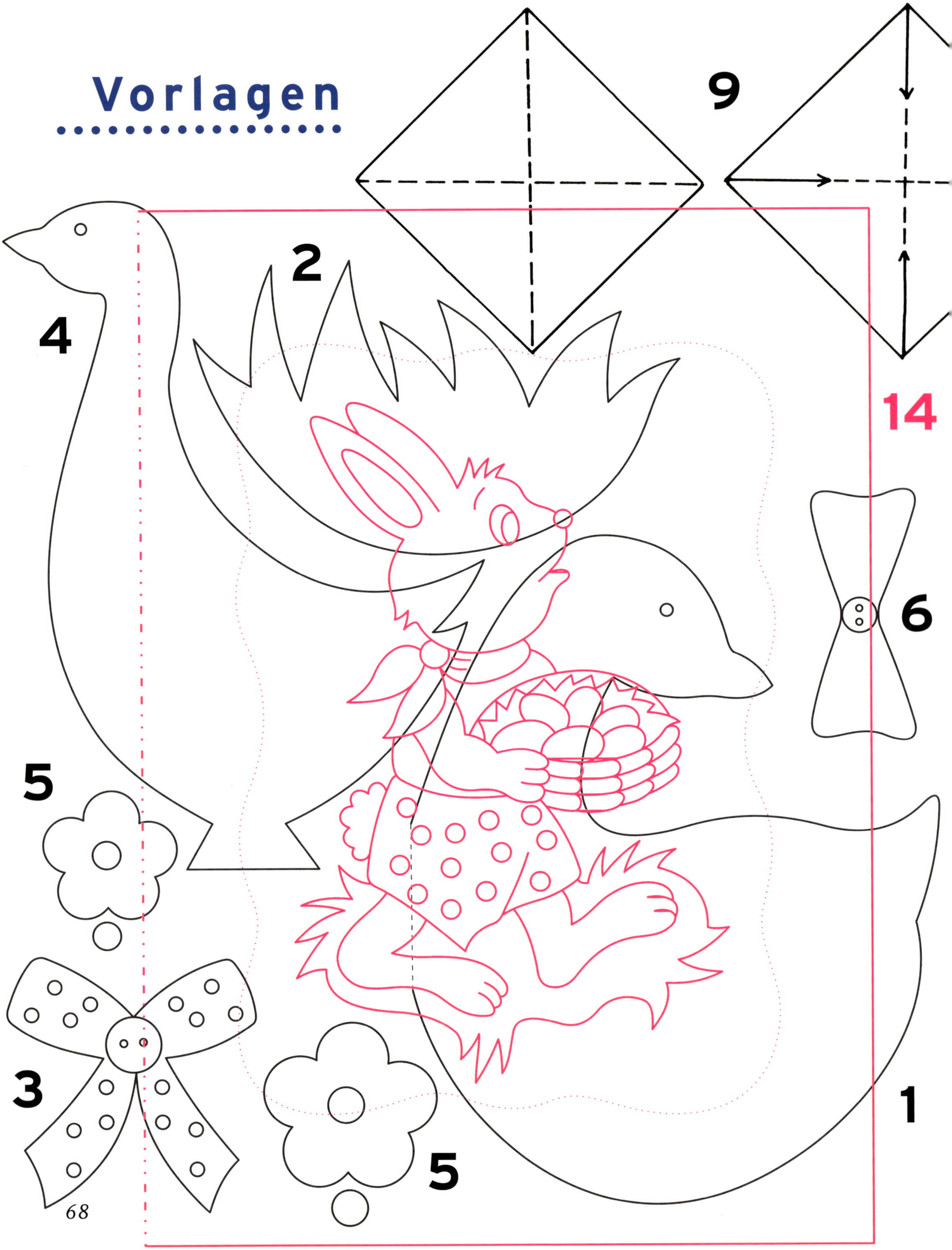

16
8
7

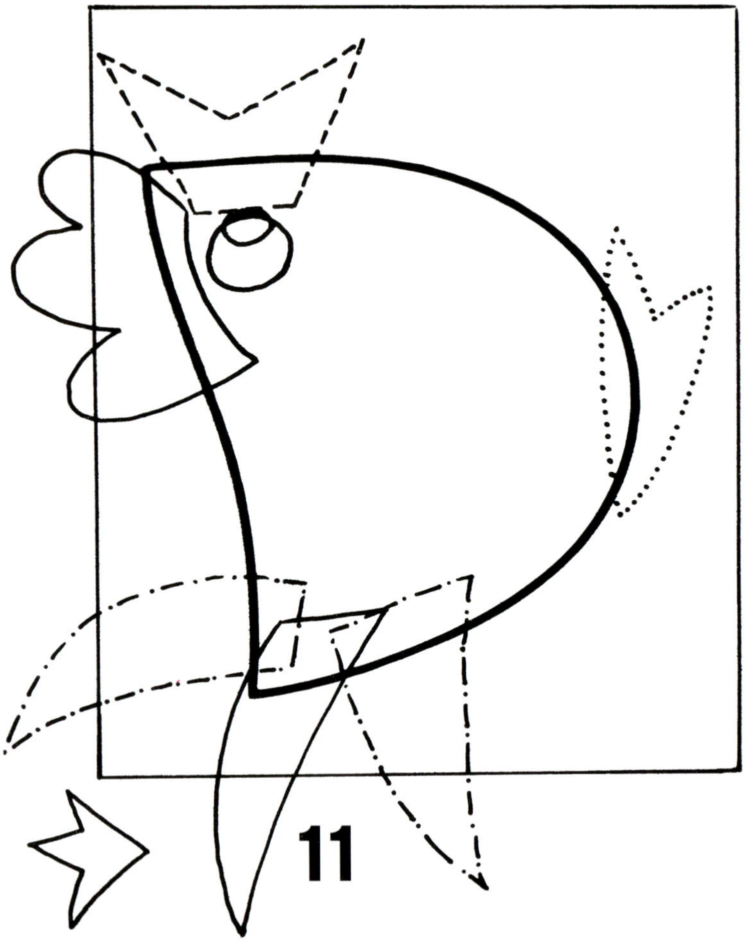

11

12

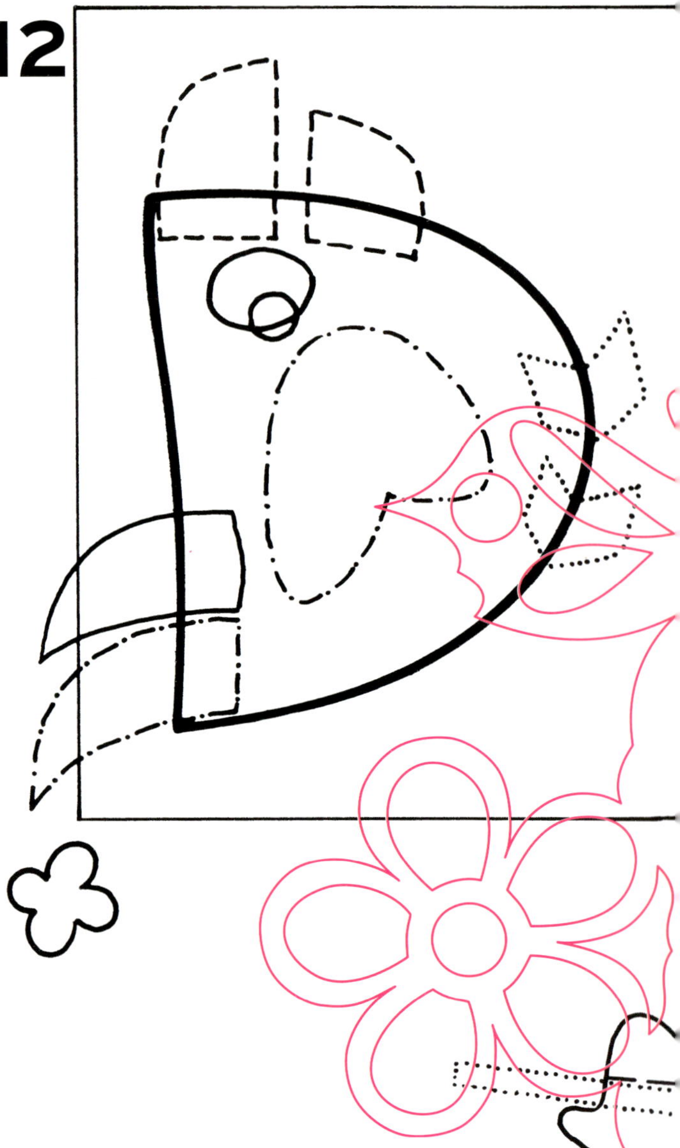

15

10

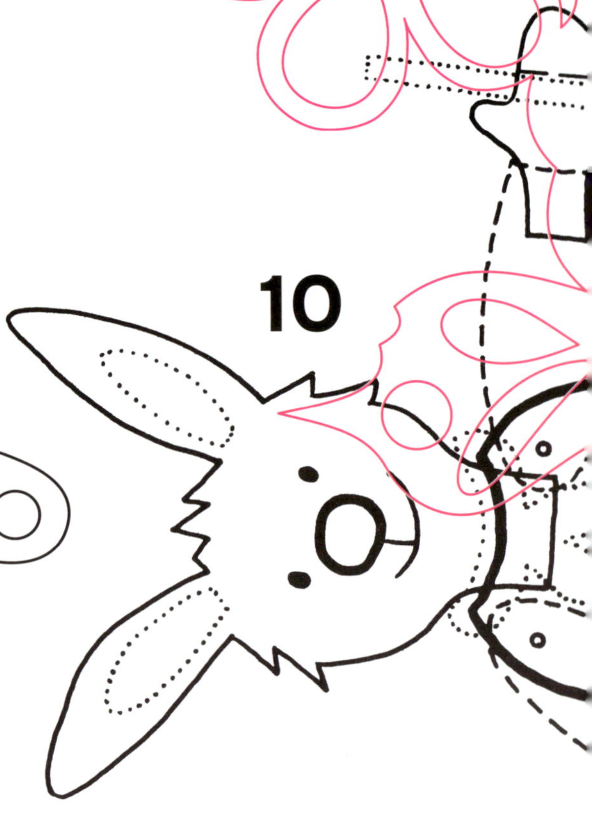

13
17

18

20

19
20

21

23

25

24

26

22

27

28

29

30

31
33

32
2x
2x
2x
2x
2x
2x
2x
2x
2x
2x
2x
2x
34

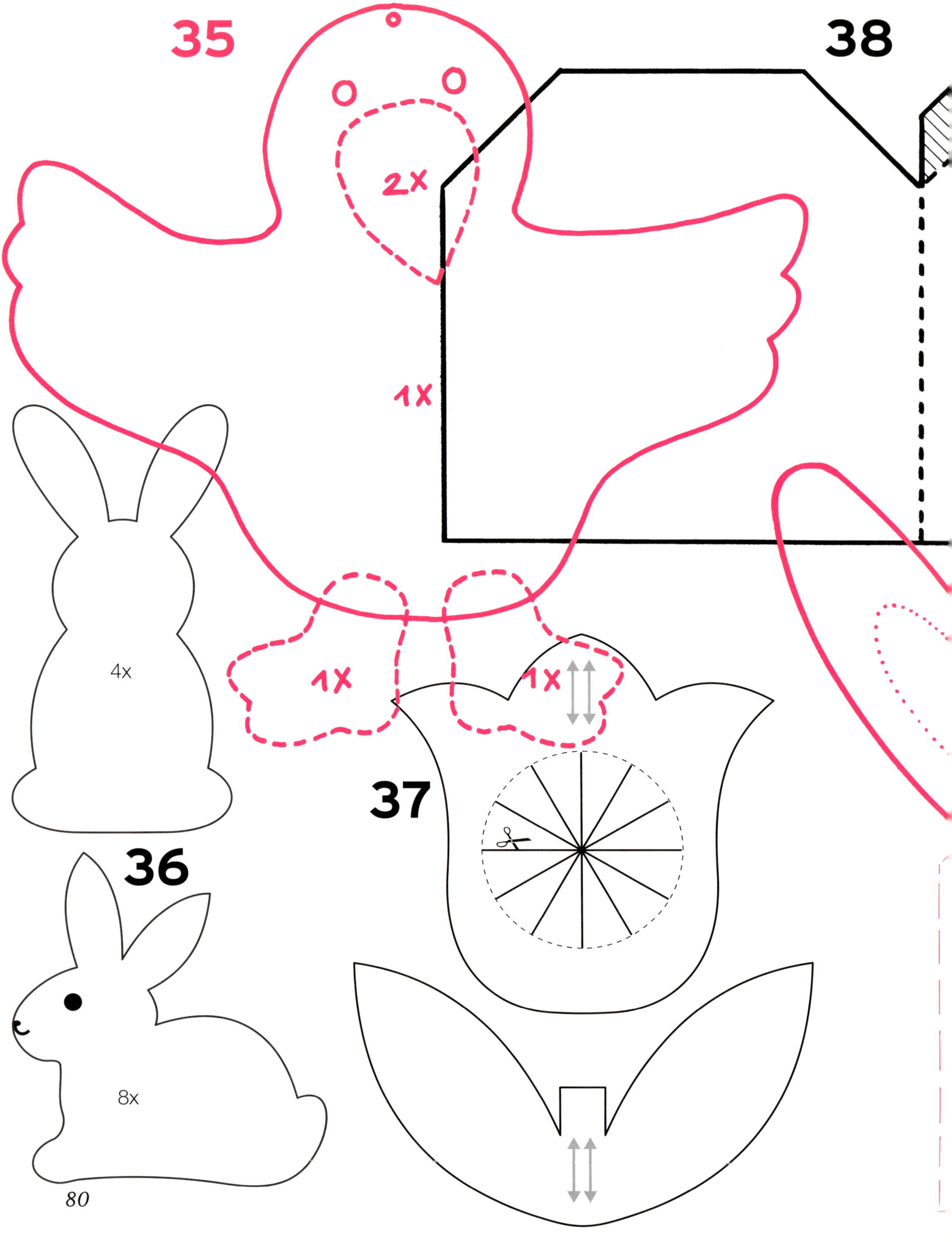
35
2x
1x
1x
1x
38
4x
36
8x
37

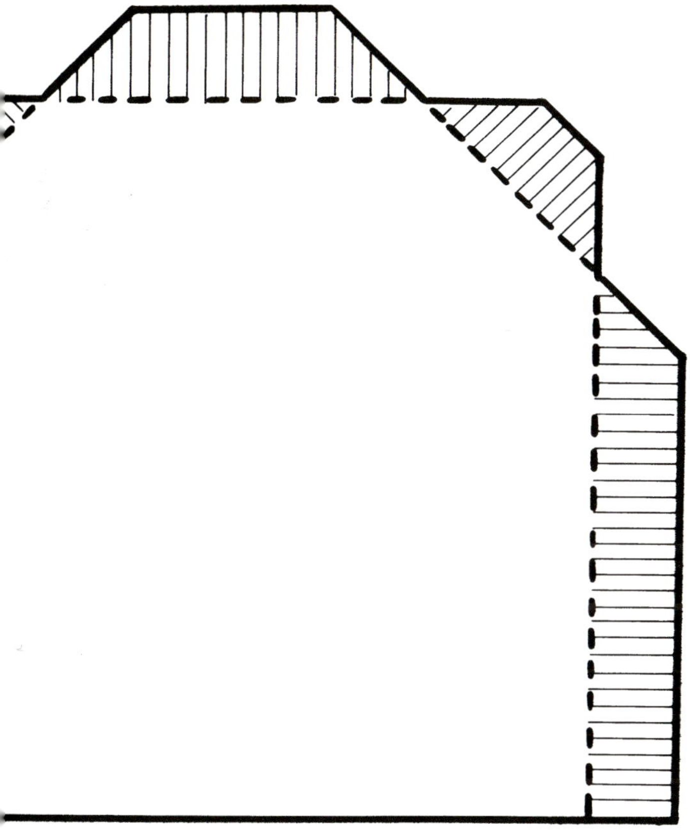

39

41

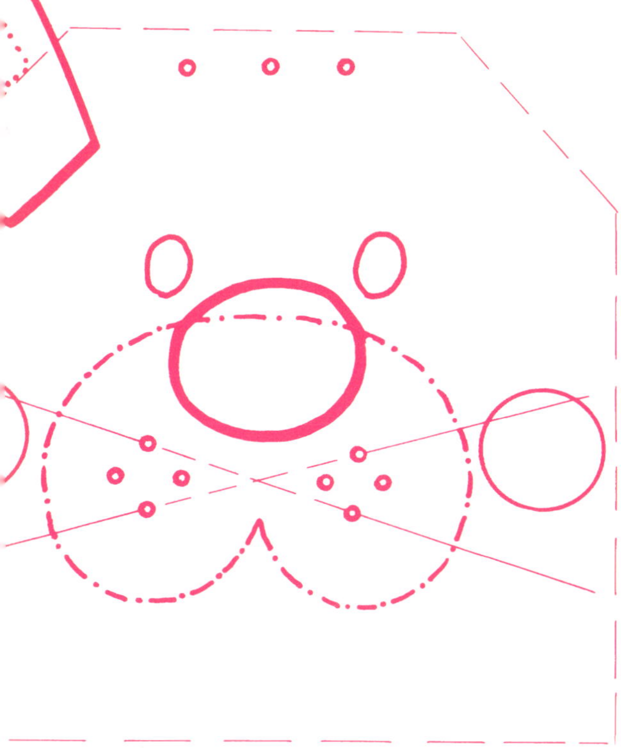

40

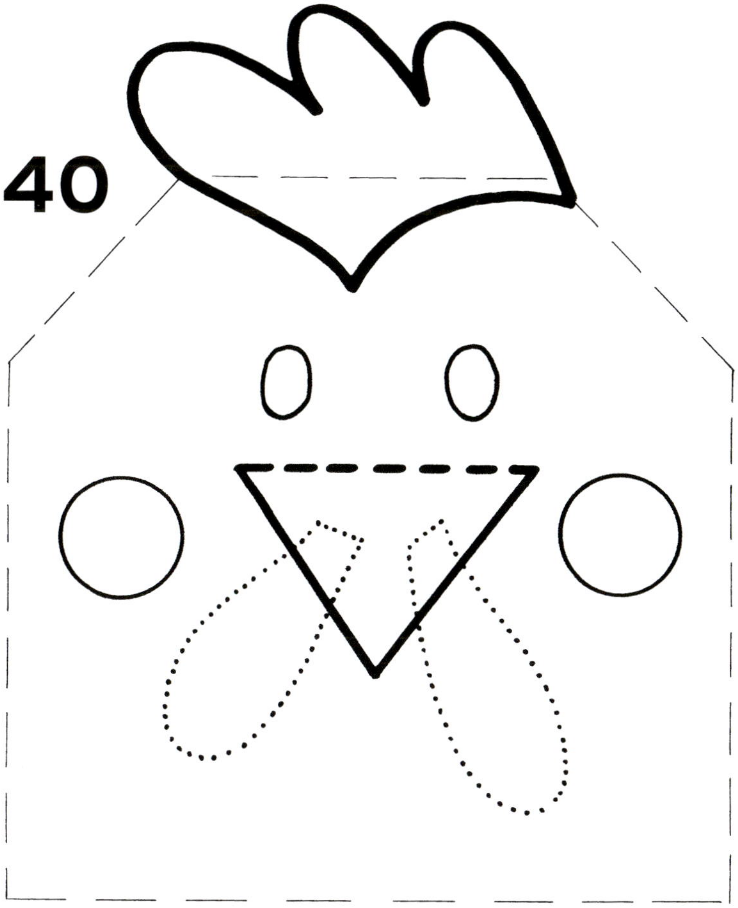

42

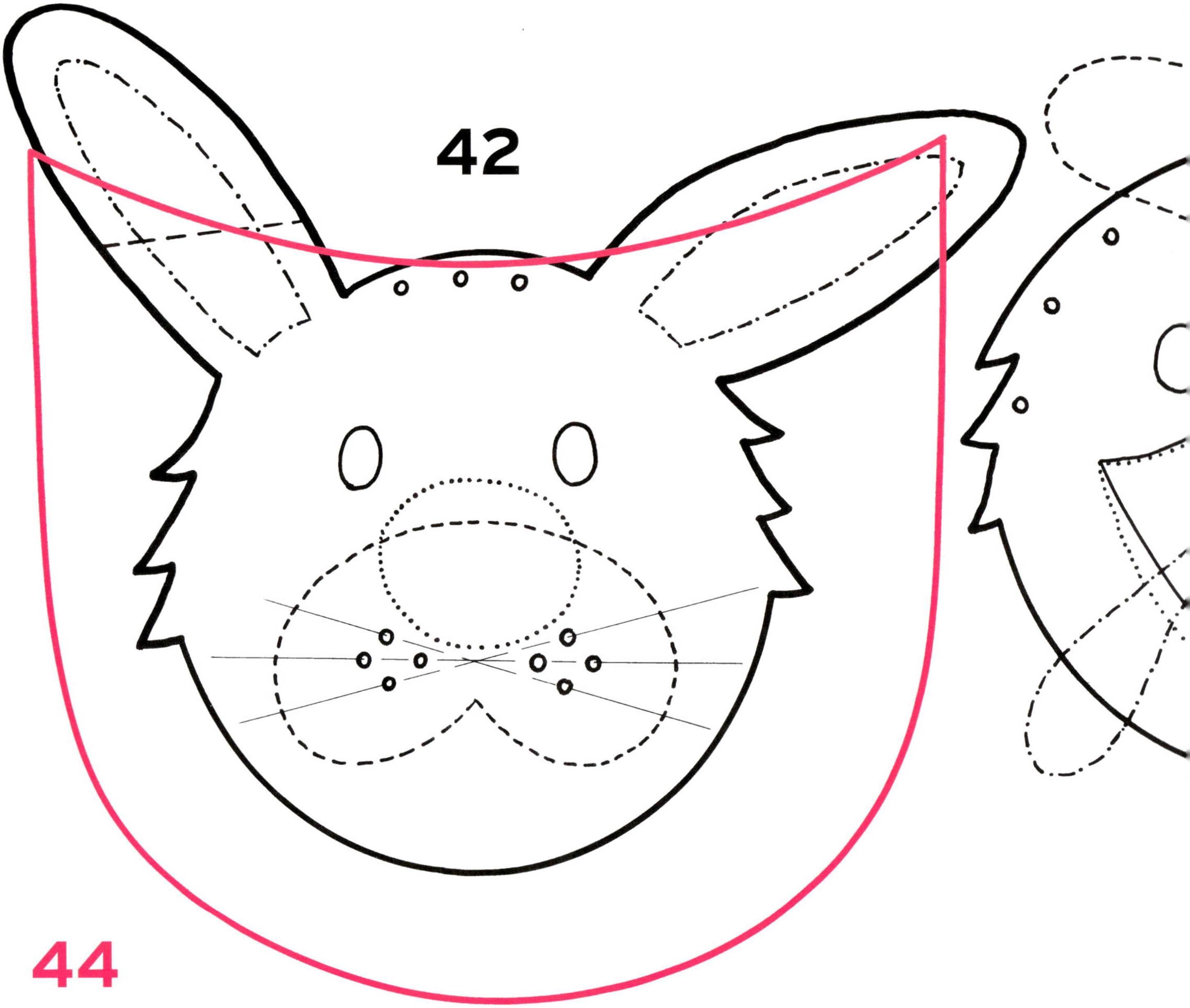

44

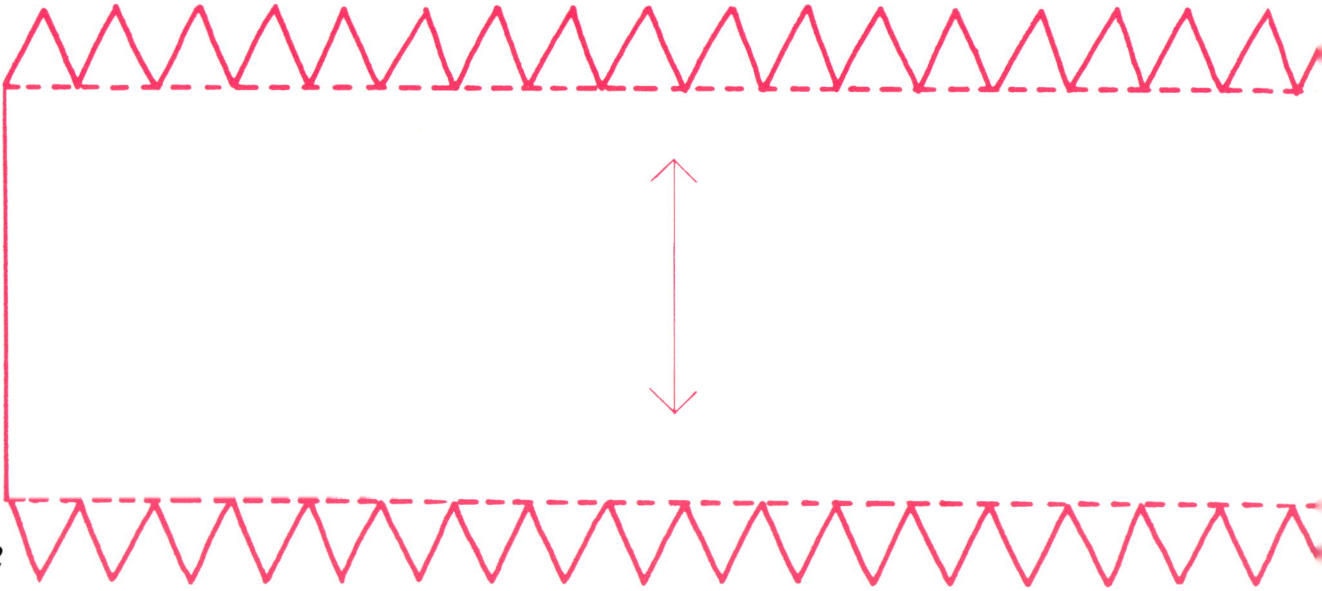

43

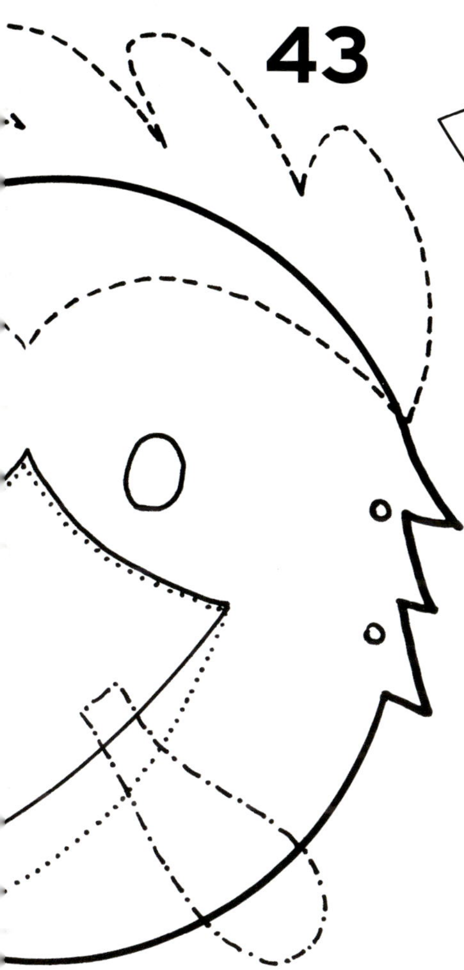

45

46

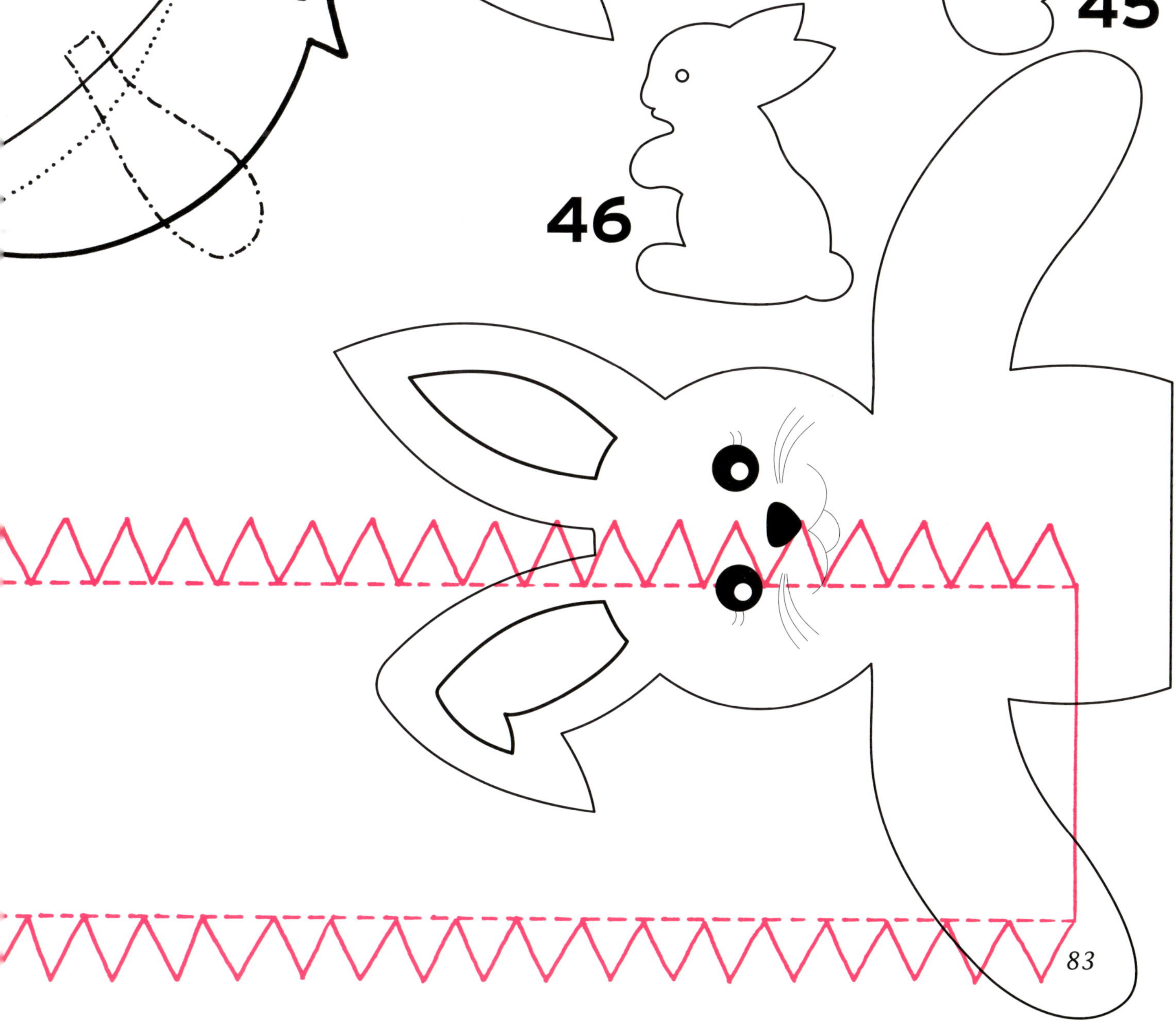

51
47
48

52
49
50

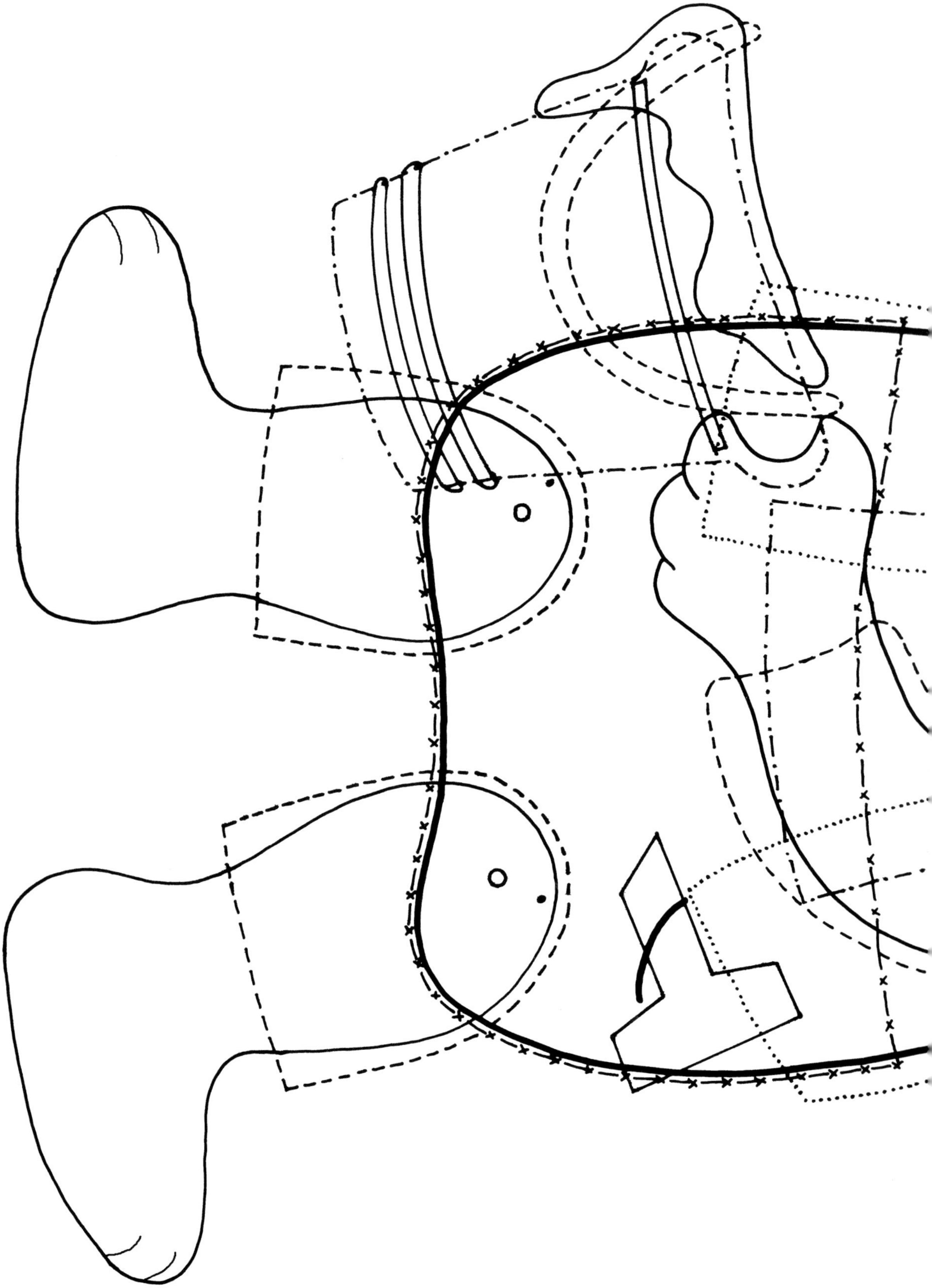

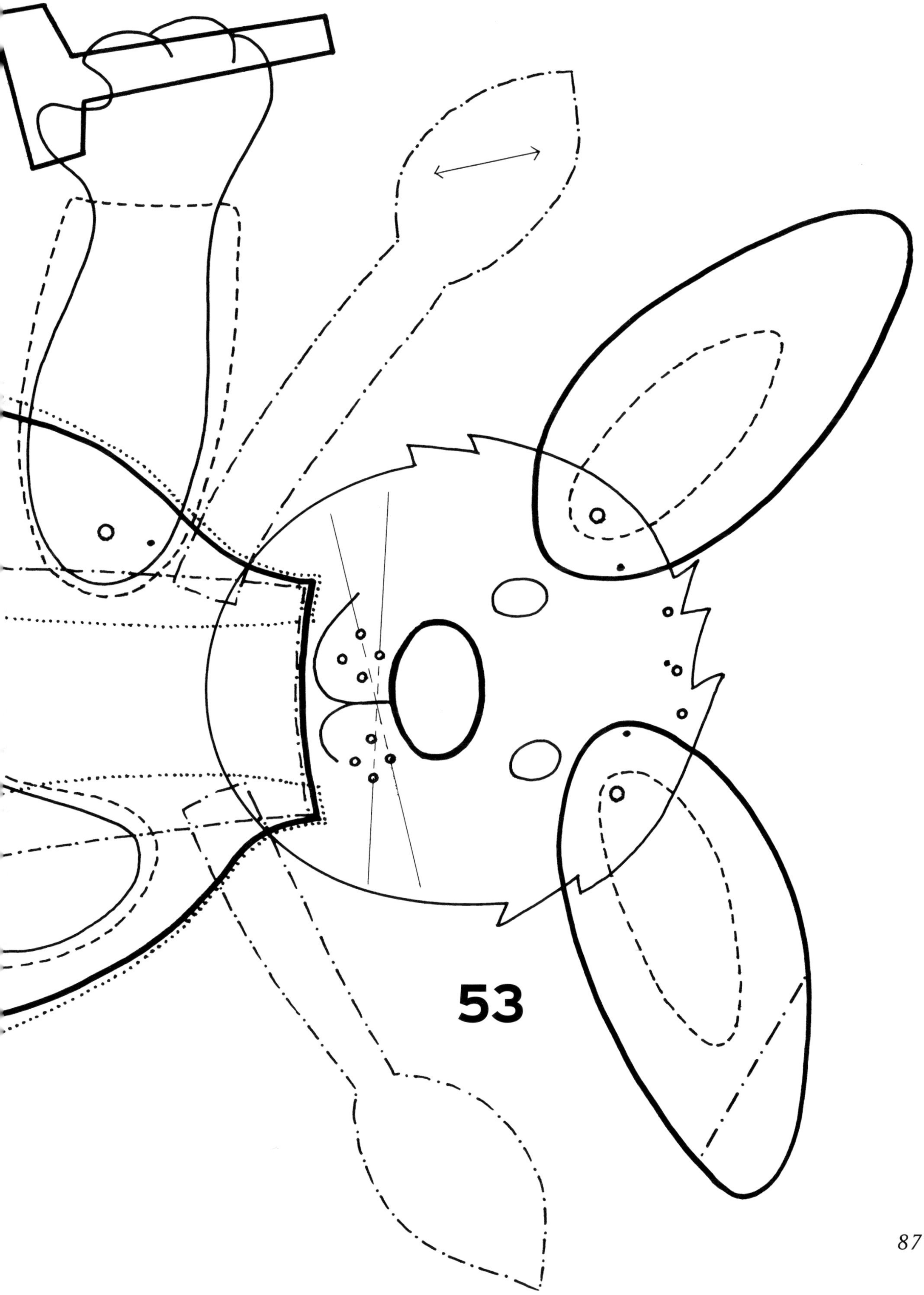
53

54

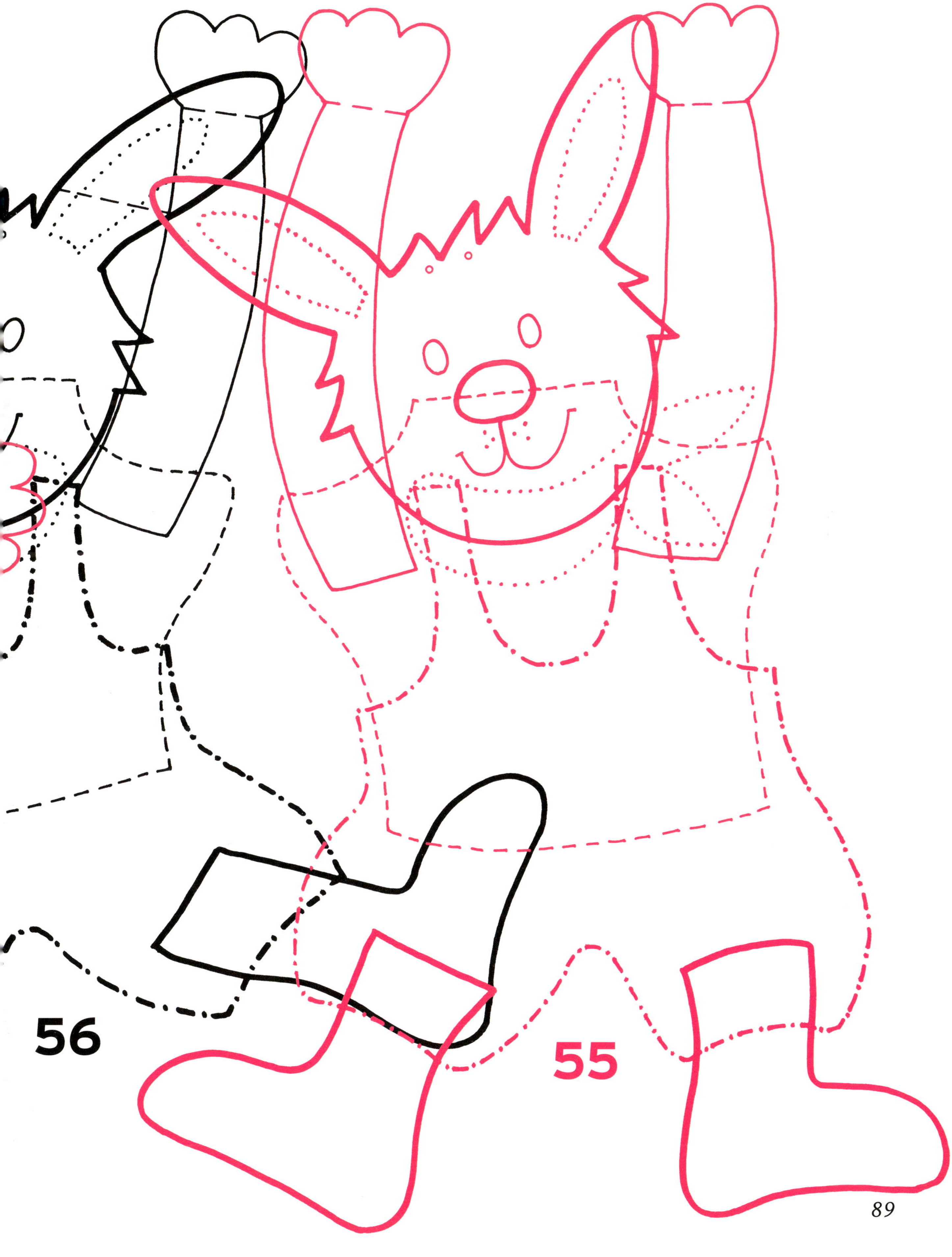
56
55

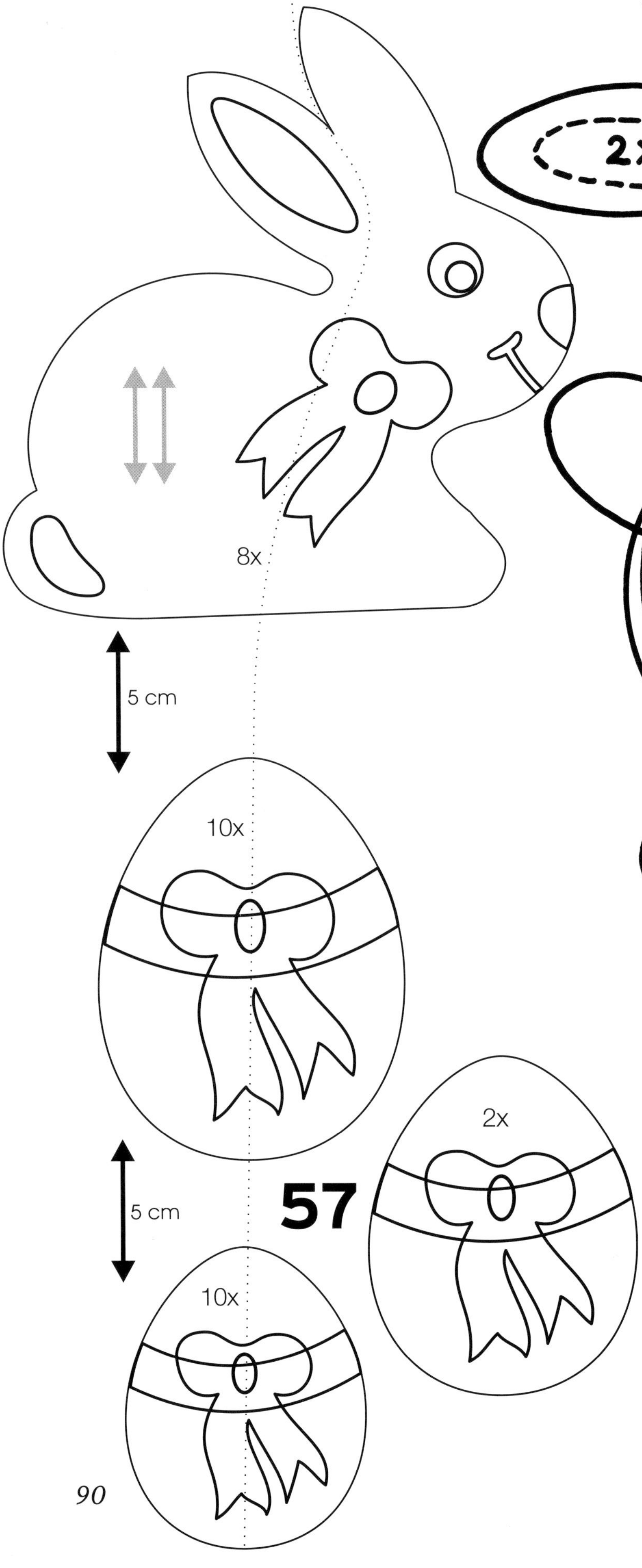

57

58

59

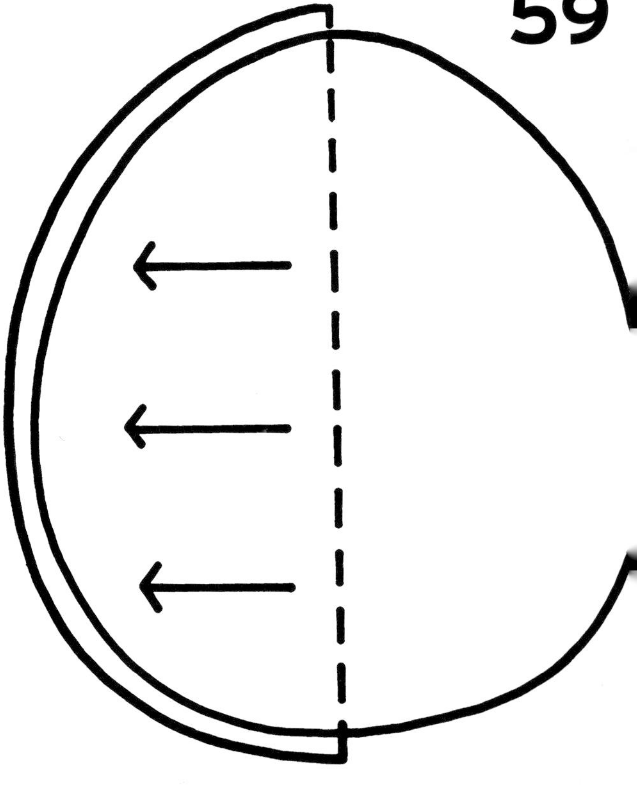

60

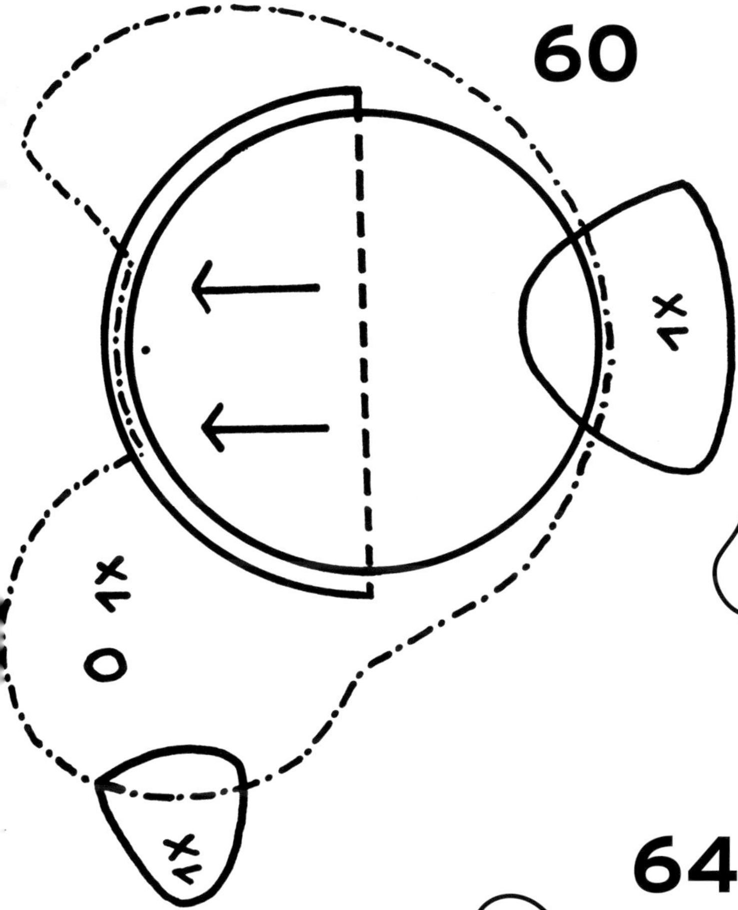

61

62

64

65

63

66

67

71

69

68

72

74

70

73

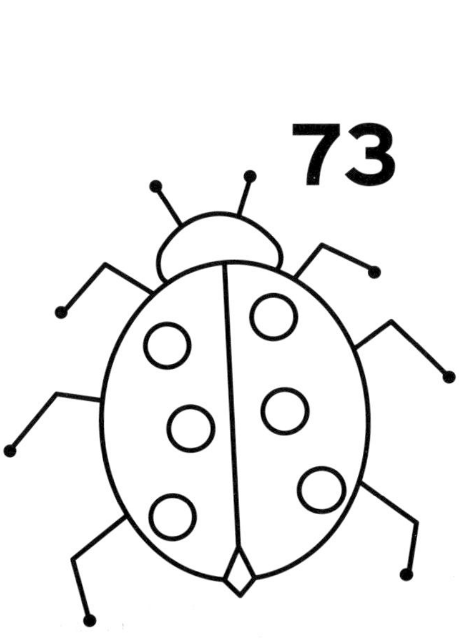

78

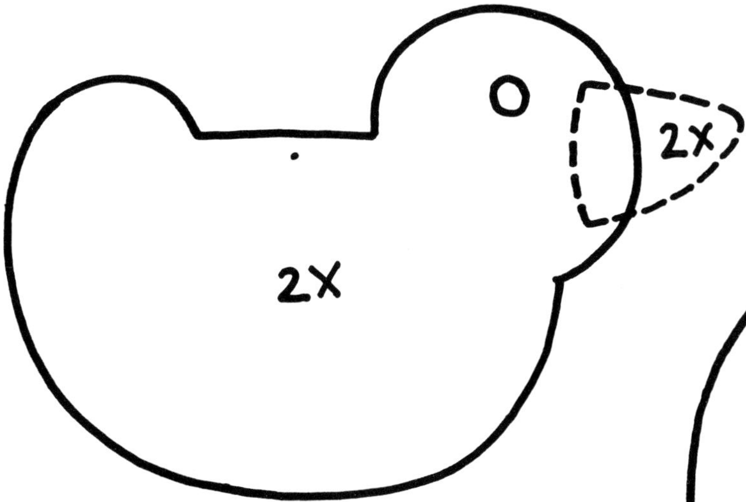

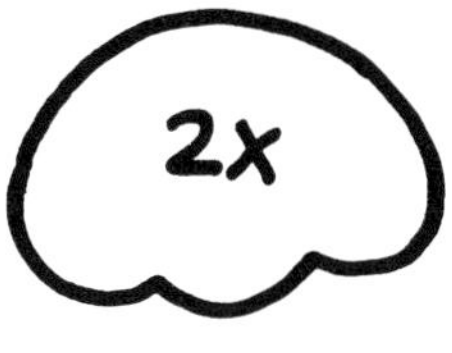

75

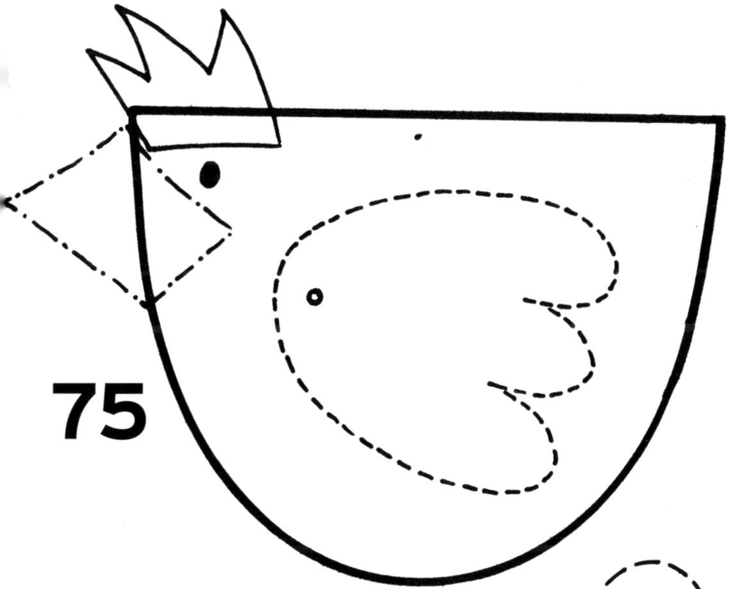

76

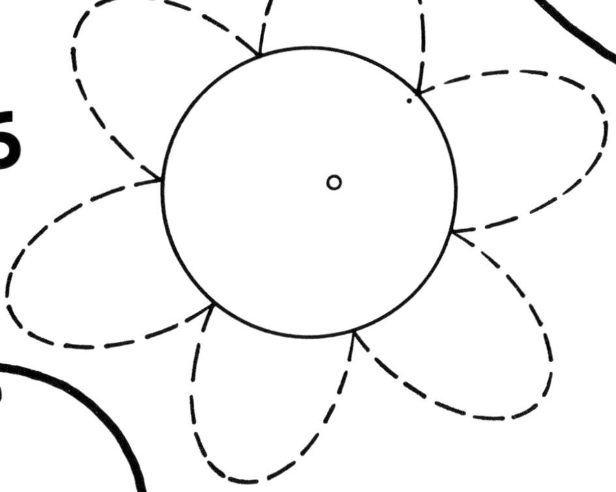

77

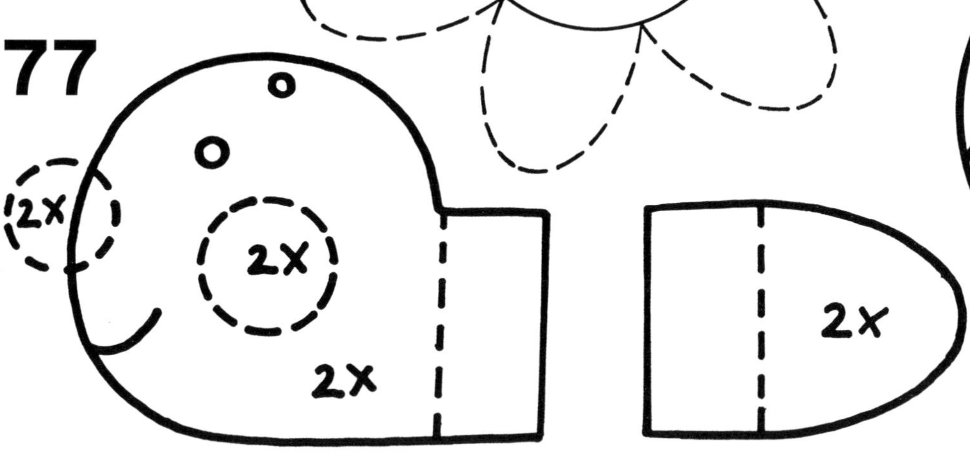

79

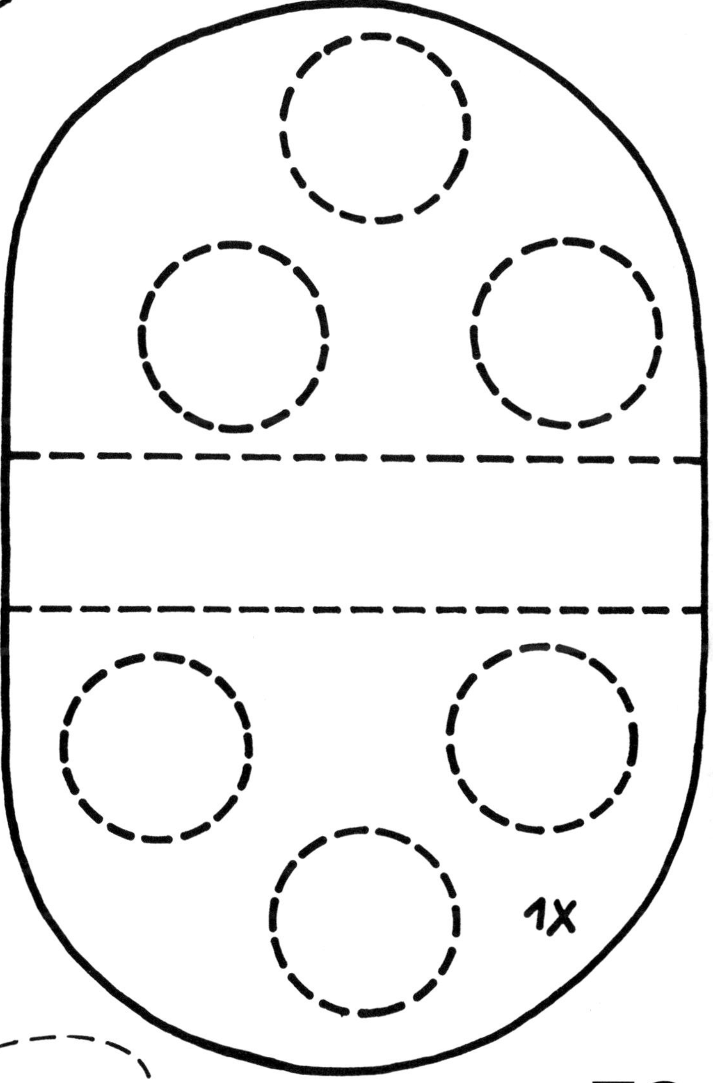

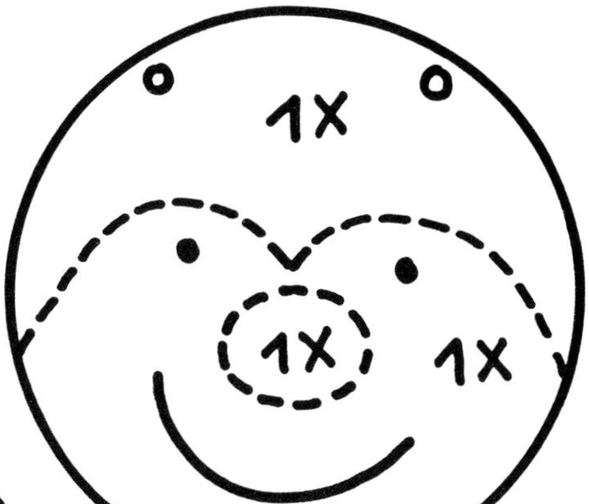

Impressum

Autorinnen

Erika Bock, Seiten 36/37, 42/43, 44/45, 48/49, 52/53
Traudel Hartel, Seiten 10/11
Gudrun Hettinger, Seiten 16/17, 18/19, 24/25, 26/27, 28/29, 46/47, 62/63
Karin Jittenmeier, Seiten 30/31
Regina Miethke, Seiten 50/51
Ingrid Moras, Seiten 22/23
Monika Neubacher-Fesser, Seiten 32/33, 60/61, 66/67
Sonja Prohaska, Seiten 58/59
Heike Rissmann, Seiten 20/21
Ursula Ritter, Seiten 34/35
Birgit Utermarck, Seiten 12/13, 14/15, 38/39, 40/41, 54/55, 56/57, 64/65

Abbildungen

eska, Seiten 10/11
Andreas Gerhardt, Seiten 16/17
Roland Krieg, Seiten 12/13, 14/15, 38/39, 40/41, 50/51, 54/55, 56/57, 64/65
Christoph Schmotz, Seiten 18/19, 20/21, 22/23, 24,/25, 28/29, 30/31, 32/33, 34/35, 36/37, 42/43, 44/45, 48/49, 52/53, 58/59, 60/61, 66/67
Jutta Sokol, Seiten 26/27, 46/47, 62/63

Printed in Belgium
ISBN 3-419-53588-0

Redaktion: Irmgard Böhler, Freiburg
Umschlaggestaltung: Network!, München
Gesamtproduktion: smp, Freiburg
Layout: Gisa Bonfig, Freiburg
Vorlagenteil: Carsten Schorn, Merzhausen
Druck: Proost, Turnhout 2001